Natalia Bolivar Gacitua

Las concentraciones de empresas

Natalia Bolivar Gacitua

Las concentraciones de empresas

Regulación y criterios de decisión de los órganos de la Unión Europea

PUBLICIA

Imprint

Cover image: www.ingimage.com

Publisher:
PUBLICIA
is a trademark of
International Book Market Service Ltd., member of OmniScriptum Publishing Group
17 Meldrum Street, Beau Bassin 71504, Mauritius

Printed at: see last page
ISBN: 978-3-8416-8432-5

VNIVERSIDAD D SALAMANCA

LAS CONCENTRACIONES DE EMPRESAS

REGULACION Y CRITERIOS DE DECISION DE LOS ORGANOS DE LA UNION EUROPEA.

Autor: Natalia Bolívar Gacitúa

Prof. Tutor Dra.: Pilar Martin Aresti

INDICE

I. *Introducción.-*

Las economías mundiales se basan en las reglas del mercado, lo cual involucra una serie de elementos, económicos, sociales y jurídicos, que regulan la intervención de los sujetos dentro de esta estructura económica. La economía de mercado supone la asignación de la producción y el consumo de bienes y servicios que surge del libre juego de la oferta y la demanda.

En el mercado intervienen diversos sujetos, por un lado, las empresas, cuyo objetivo principal es obtener la mayor rentabilidad de sus recursos mediante la producción de bienes y servicios, por otro, los consumidores, quienes tienen como objetivo principal acceder a una oferta de bienes y servicios que satisfagan sus necesidades de consumo.

La competencia es un fenómeno jurídico, que constituye el motor organizativo de todo el sistema económico, al tiempo que opera como límite regulador de las situaciones que pudieran alterar el equilibrio necesario para su eficiente desarrollo. Se comporta como principio rector de toda la economía de mercado, representa un elemento consustancial al modelo de organización económica de nuestra sociedad y constituye, en el plano de las libertades individuales, la primera y más importante forma en que se manifiesta el ejercicio de la libertad de empresa.

El Derecho de la competencia, por su parte, tiene como objetivo básico, garantizar la existencia de una estructura de mercado eficiente, protegiendo la competencia frente a todo ataque contrario al interés público, regulando el comercio, mediante la prohibición de restricciones ilegales. Este concepto descansa en una premisa esencial: el reconocimiento de que una competencia efectiva constituye el presupuesto *sinequanon* para la mayor eficiencia en la distribución de recursos y el bienestar general de una sociedad de mercado.

Es un hecho que el núcleo esencial de la competencia es la libertad de empresa, que comprende además otras libertades, la libertad de acceso al mercado, la libertad de actuación en él, y la libertad de cesación en su ejercicio. Precisamente, es en el ejercicio de este derecho, que los empresarios están facultados para unirse en el desarrollo de sus actividades, con otros empresarios, lo cual permite que desarrollen nuevos productos con mayor eficiencia, o reduzcan costos de producción o de distribución, de esta forma, la competencia se intensifica y todos los agentes del mercado resultan beneficiados.

No obstante, algunas uniones de empresarios, también llamadas *"concentraciones"*, pueden restringir la competencia en el mercado, principalmente cuando se traducen en la creación o reforzamiento de una posición dominante. Es por ello que se hace necesario un examen *a priori* de este tipo de operaciones lo cual tiene como objetivo prevenir los efectos nocivos sobre la competencia[1].

Existen dos modos generales de llevar a cabo la defensa de la competencia, por un lado, a través de la política del comportamiento, que consiste en una serie de procedimientos de tipo administrativo por los cuales se sancionan acciones pasadas o presentes llevadas a cabo por algún agente económico en violación de ciertas normas, y por otro, la política estructural, que es un modo de defensa de la competencia que se aplica antes de que se produzcan las acciones consideradas nocivas, y que consiste en procedimientos de autorización y control de las operaciones de fusión, de adquisición de empresas y las empresas conjuntas, también llamadas empresas joint venture. Este control se encarga de examinar las operaciones de concentración de empresas a fin de mantener un número de competidores en un determinado mercado, evitando el riesgo de un potencial abuso de posición de dominio, y así mantener el equilibrio necesario para el funcionamiento eficiente del mercado.

El objetivo de este trabajo es analizar los criterios aplicados en el control de las operaciones de concentración, por parte de los órganos de la Unión Europea encargados de la protección de los intereses comunitarios, a saber: la Comisión Europea, el Tribunal de Primera Instancia y el Tribunal de Justicia de las Comunidades Europeas, reflejando a través del estudio de conceptos básicos en materia de competencia y de casos prácticos, los criterios europeos en materia de concentraciones de empresas.

1 *"La Política de la Competencia de la UE y los Consumidores", Dirección General de Competencia de la Comisión Europea, pp. 8-11.*

II. *Las Concentraciones de Empresas*.-

El fenómeno de las concentraciones empresariales ha alcanzado en la actualidad una extraordinaria importancia en el ámbito de la economía comunitaria, así como en el ámbito internacional. Entre las causas que explican este fenómeno, destacan como las más relevantes, por un lado, la globalización de la economía y la internacionalización de los mercados, y por otro, la necesidad de adaptar las estructuras empresariales a esa realidad.

El autor Carles Llorens, las define como el resultado de una estrategia de crecimiento externo por parte de una empresa, que se realiza a través de fusiones, compras o la creación de una empresa conjunta, también llamada joint venture.[2]

Al pasar de los años, se han creado varias formas legales de concentraciones de empresas, entre ellas se encuentran las que se forman por fusiones y adquisiciones, las empresas de joint ventures, o negocios conjuntos, las compañías de doble negocio "Dual Listed Company" o DLC, conocidas como fusiones virtuales y, las asociaciones en participación.[3]

En el ámbito estrictamente económico, constituyen una agrupación de empresas creadas a través de acuerdos, fusiones o la dependencia de participaciones accionariales a una empresa matriz, fenómeno que en algunos casos disminuye, o incluso puede llegar a eliminar la libre competencia en un sector de la economía, produciendo alteraciones en la estructura del mercado y pudiendo dar lugar a situaciones de competencia imperfecta, oligopolios[4], o monopolios.

En el Derecho comunitario se entiende que se produce una concentración económica cuando tiene lugar un cambio estable del control, de la totalidad o parte de una o varias empresas; Se entiende que se produce este cambio de control como consecuencia (i) de la fusión de dos o mas empresas anteriormente independientes, (ii) la adquisición por una empresa del control sobre la totalidad o parte de una o varias empresas, o (iii) la creación de una empresa en participación, y en general, (iv) por la adquisición del control conjunto sobre una o varias empresas, cuando estas desempeñen de forma permanente las funciones de una entidad económica autónoma. [5]

---

2 Llorens-Maluquer, C., "Concentración de Empresas de Comunicación y el Pluralismo", 2001, p.77.

3 Nazide, F.; Labatut, G.; Aparisi, J., "Efectos económico-financiero y fiscal de las fusiones y adquisiciones de empresas en México", Revista Digital, Universidad Autónoma de Tamaulipas, México, 2009. Vol. 3 nº 4

4 Mercado donde existe un número reducido de productores, Martínez, J., "Los mercados no competitivos", Fundación Universitaria Andaluza, Eumed.net, Málaga, 2001.

5 Beneyto Pérez, J., Maillo González, J., "La Nueva Ley de Defensa de la Competencia", Editorial Bosch, Barcelona, 2009, p.p. 196-197.

Podría decirse que son varios los factores que explican la búsqueda del aglutinamiento por parte de las empresas, éstas pueden realizarse por motivos técnicos, económicos o financieros, en general, este fenómeno, puede obedecer a algunos de estos factores:

- Lograr mayor poder frente a los competidores,
- La búsqueda de crecimiento para reducir costos, fenómeno conocido como economías de escala,
- Obtener un mejor acceso a la financiación,
- Adquirir mayor poder económico,
- Adquirir mayor cuota de mercado, principalmente en los mercados denominados "*saturados*", en los cuales existe un gran exceso de producción,
- La racionalización de procesos productivos, mediante la reducción de costos y riesgos implícitos a la actividad que se desarrolla, entre otros.

III.- Normativa Europea aplicable a las Concentraciones de Empresas.-

Antes de la entrada en vigencia de los Reglamentos relativos al control de las concentraciones, la política de la Comunidad Europea solo aplicaba sanciones a las empresas que incurrían en restricciones apreciables de competencia o en el abuso de una posición de dominio, teniendo como único instrumento jurídico, los artículos 81 y 82 del Tratado de la Unión Europea [6](en adelante TCE). Sin embargo, el artículo 82 exigía la existencia previa de una posición de dominio, de modo que su aplicación no resolvía el problema de la creación de dicha posición, elemento fundamental del control de concentraciones que persigue tanto la creación, como el refuerzo de una posición de dominio. Por ello, dada la importancia del control de concentraciones como medio para actuar sobre la estructura de los mercados, resultaba importante contar con un instrumento que permitiese prevenir determinados comportamientos, llevando a cabo un control *a priori* de este tipo de operaciones. Además el TCE no contemplaba los casos específicos de fusiones y adquisiciones de empresas, y presentaba una serie de limitaciones: Por ejemplo, no permitía controlar la creación de posiciones dominantes mediante la adquisición de empresas competidoras, a no ser que una de ellas se encontrara previamente en una posición de dominio y la adquisición de la misma pudiera clasificarse como abusiva. Además la construcción del mercado único requería contar con un instrumento que permitiera a la Comisión someter a un control, las operaciones de dimensión comunitaria; de lo contrario, al depender las decisiones de las distintas autoridades nacionales, se aumentaban los costos administrativos y se corría el peligro de obstaculizar el mercado único, por ejemplo, imponiendo condiciones distintas a los adquirientes cuando éstos pertenecían a otro Estado miembro.

6 Tratado Constitutivo de la Comunidad Económica Europea, firmado en Roma el 25/03/1957, que ha sido objeto de numerosas modificaciones que han dado lugar al Texto Consolidado de dicho Tratado aprobado el 2/10/1997 (D.O. C. 340 de 10/11/1997)

Se hacia necesario, en consecuencia, dotar al sistema jurídico comunitario de un mecanismo de control de las fusiones y adquisiciones de empresas.

Por estas razones, el 21 de Diciembre de 1989, se dicta el Reglamento 4064/89[7] el cual reguló las operaciones de concentración empresarial, hasta el año 2004; Más de diez años después de la entrada en vigor de este Reglamento, la Comisión lanza, a través del llamado Libro Verde[8] sobre revisión del Reglamento, un debate sobre la necesidad de reformar el régimen de control de las concentraciones, debido principalmente a la evolución económica, política y jurídica de la Unión Europea, producida como consecuencia de la introducción del euro, el mayor número de países miembros, la aceleración de la globalización de los mercados y de las empresas, dando lugar así al Reglamento sobre Control de las Concentraciones de Empresas, vigente en la actualidad, Reglamento 139/2004[9], de 20 de Enero, además de una serie de comunicaciones, que junto a la jurisprudencia del Tribunal de Primera Instancia (en adelante TPI) y del Tribunal de Justicia de las Comunidades Europeas (en adelante TJCE), han ido precisando el contenido y aplicación de algunos conceptos confusos y de difícil interpretación, a saber:

- Reglamento nº 1310/97 del Consejo, de 30 de Junio de 1997[10].
- Reglamento nº 802/2004, de 7 de Abril de 2004, por el que se aplica el Reglamento nº 139/2004, del Consejo sobre el control de las concentraciones entre empresas[11].
- Comunicación de la Comisión, sobre el concepto de Concentración[12]
- Comunicación de la Comisión, sobre el concepto de Empresas Afectadas[13]
- Comunicación de la Comisión, relativa al Cálculo del Volumen de Negocios[14]
- Comunicación de la Comisión, relativa a la Definición de Mercado de Referencia[15]
- Comunicación de la Comisión, sobre las restricciones directamente relacionadas y necesarias para las Operaciones de Concentración[16]
- Comunicación de la Comisión, sobre las soluciones aceptables en materia de Concentraciones[17]
- Comunicación de la Comisión, sobre Cuestiones Jurisdiccionales en materia de Competencia[18].

---

7 D.O. L. 395/1 de 21/12/1989
8 Libro Verde del Consejo de Bruselas sobre revisión del Reglamento 4064/89, de 11/12/2001
9 D.O. L. 24/1, de 29/01/2004
10 D.O. C.E. 180 de 9/7/1997
11 D.O. L 133 de 30/4/2004
12 D.O. C. E 66 de 2/3/1998
13 DO. C.E. 66 de 2/3/1998
14 DO. C.E. 66 2/3/1998
15 D.O. CE. 372 de 9/12/1997
16 DO. C. E. 188, de 4/07/2001
17 D.O. C.E. 66 de 2/03/1998
18 D.O .C. E. 95 de 16/4/2008

- Comunicación de la Comisión, sobre el Procedimiento Simplificado para tramitar determinadas Operaciones de Concentración[19].
- *Reglamento nº 1033/2008 de la Comisión, de 20 de octubre de 2008 , que modifica el Reglamento nº 802/2004, por el que se aplica el Reglamento nº 139/2004 del Consejo, sobre el Control de las Concentraciones entre Empresas, de 22/10/2008.*

Dentro de las modificaciones más destacables producidas por el Reglamento 139/2004, encontramos, un cambio en el criterio que servía de base para evaluar las operaciones de concentración, el cual centraba esta cuestión, solamente en el criterio de la dominancia, pero prescindía completamente de la disminución de la competencia en el mercado común; a través del debate introducido por el Libro Verde, se planteó la interrogante de si era conveniente modificar el criterio mantenido hasta ese momento, por lo que el resultado de ese debate fue la creación de una figura nueva, intermedia entre ambos criterios, la cual combina los elementos más útiles de ambos criterios; se suprime la exigencia de que exista un acuerdo definitivo de concentración como requisito previo a la notificación de la concentración a las autoridades de competencia comunitarias; se establece la posibilidad de que las empresas involucradas en una operación de concentración comunitaria que produce efectos en varios estados miembros de la Unión Europea puedan solicitar su reenvío a la autoridad nacional de competencia del país que resulta significativamente afectado; se crea la figura del economista jefe, quien apoyado por un grupo de expertos, presta asistencia a los equipos encargados del análisis de los casos, fiscalizando los modelos económicos aplicados en las investigaciones; asimismo y para los casos que revisten mayor complejidad se creó un sistema de revisión interna en el que un panel formado por funcionarios con vasta experiencia revisan el trabajo de los responsables del caso, a objeto de resaltar las debilidades y fortalezas del mismo, y con el propósito de reforzar la solidez legal y económica de la decisión final; se produce un fortalecimiento de los poderes de investigación y de decisión de la Comisión en estas materias, evitando la colisión de competencias entre los Estados miembros y ella, dándole competencia exclusiva para conocer de las concentraciones con dimensión comunitaria, mediante la introducción del Principio de Barrera o Ventanilla única, que establece la competencia exclusiva de la Comisión para conocer de las concentraciones de dimensión comunitaria y la aplicación exclusiva del Reglamento 139/2004[20].

19 D.O. C. E. 56 de 04/2005.

20 Prieto, E., "La Política de defensa de la Competencia", artículo publicado en la revista el modelo económico de la UE, publicación bimestral de ICE (Información Comercial Española), del Ministerio de Industria, Turismo y Comercio, nº 820 (enero/febrero), 2005, pp.99-110.

IV.- <u>Principio de barrera o ventanilla única</u>.-

Este sistema o Principio se creó, por un lado, con la idea de evitar la colisión de normas de competencia en su aplicación a las concentraciones de empresas, contenidas en las normas generales de los artículos 81 y 82 del TCE y las normas especiales contenidas en el Reglamento 139/2004; y, por otro, con la idea de otorgar competencia exclusiva y excluyente para conocer de una operación de concentración de dimensión comunitaria, a la Comisión, salvo que, la operación se encuentre dentro del llamado *Umbral Transnacional*, en cuyo caso, será el Estado miembro en el cual las empresas involucradas en la operación realizan más de los dos tercios del volumen total de sus operaciones, el indicado para conocer de ella. Ese sistema ha reducido considerablemente los costos, y la inseguridad jurídica, inherentes a la pluralidad de solicitudes que se presentaban antes de la entada en vigor del Reglamento 139/2004.

Este Principio se establece en base a criterios de tipo cualitativo y cuantitativo:

a) Criterio Cualitativo: para la aplicación del Reglamento 139/2004 la operación debe consistir en una concentración, en el sentido del art. 3º de dicha norma, según el cual, *"...solo se consideran concentraciones, aquellas operaciones que impliquen una modificación permanente de la estructura de las empresas involucradas en la operación, modificación que puede producirse, a través de una operación de fusión entre empresas anteriormente independientes, por medio de la adquisición del control de una o varias empresas por parte de unas u otras, y por la creación de una empresa conjunta con plenos poderes".*

b) *Criterio Cuantitativo*: exige para la aplicación del Reglamento 139/2004, que la concentración tenga una dimensión comunitaria; El concepto de dimensión comunitaria ha sido definido dentro de la exposición de motivos del Reglamento 139/2004, en los siguientes términos: *"Se considera que una concentración tiene dimensión comunitaria cuando el volumen de negocios total de las empresas afectadas supera un umbral determinado, con independencia de que las empresas participantes en la concentración tengan o no su sede o sus actividades principales en la Comunidad, siempre y cuando realicen operaciones sustanciales en la misma"*[21].

Además se consideran una serie de otros elementos como el volumen de negocios, el mercado relevante, la sustituibilidad de la oferta y la demanda, el concepto de empresas afectadas, su posición en el mercado, y otros que se analizarán mas adelante.

---

21 Reglamento 139/2004, apartado 10.

V.- Criterios aplicados a las operaciones de concentración en la UE.-

1.- Criterio combinado

Actualmente existen dos criterios para realizar el control de las operaciones de concentración:

1.a) El criterio aplicado en EE.UU., que se basa en la prohibición de una operación de concentración cuando se demuestre que dicha operación podría tener como consecuencia una disminución considerable de la competencia. (*criterio DCC*)

1.b) El criterio aplicado en la UE, por el cual se prohíben las operaciones de concentración que supongan un obstáculo para una competencia efectiva, al crear o reforzar una posición dominante en el mercado común o en una parte sustancial del mismo[22].

El Reglamento 139/2004, aplica una combinación de dos criterios, el *criterio DCC* y el *criterio de la dominancia*, esta situación se produjo por varios factores que hacían recomendable esta solución en detrimento del cambio radical del criterio aplicado hasta antes de la entrada en vigencia del actual Reglamento 139/2004 (*criterio de la dominancia*), Ambos criterios se asemejan en muchas cosas, y tienen ambos también ventajas y desventajas, por lo que en la practica era posible hacer una aplicación de las ventajas de ambos.

Dentro de las razones que sirven para explicar la combinación de criterios que rige en la actualidad; durante la aplicación del Reglamento 4064/89, se autorizaron algunas operaciones de concentración porque no creaban ni reforzaban una posición de dominio de las empresas involucradas, creándose con ello situaciones contradictorias, ya que siguiendo únicamente el criterio de la dominancia éstas operaciones debían autorizarse, aunque produjeran efectos perniciosos para la competencia; además la aplicación del criterio de la dominancia no había supuesto en la práctica grandes problemas a la hora de evaluar este tipo de operaciones, y el hecho más importante, era que no se podía prescindir de la vasta jurisprudencia del TPI y del TJCE, dictada en aplicación del criterio de la dominancia, sentencias que hasta el día de hoy son estudiadas por su gran importancia en cuanto a las directrices en el control de las operaciones de concentración en la UE.

En consecuencia, el Reglamento 139/2004 aplica ambos criterios, lo que queda reflejado en su art. 2, apartados 2º y 3º: "*...Las concentraciones que no sean susceptibles de obstaculizar de forma significativa la competencia efectiva en el mercado común o en una parte sustancial del mismo (criterio DCC), en particular como consecuencia de la creación o refuerzo de una posición dominante (criterio de la dominancia), se declararán compatibles con el mercado común... Las concentraciones*

22 *García, M. . " Dominancia v/s Disminución Sustancial de la Competencia, ¿cuál es el criterio más apropiado?", publicación del Centro de Política de la Competencia, del Centro de Estudios Europeos de la Universidad San Pablo-CEU, II Seminario de Expertos, Madrid, nº 3 (marzo 2002)*

que sean susceptibles de obstaculizar de forma significativa la competencia efectiva en el mercado común o en una parte sustancial del mismo, en particular como consecuencia de la creación o refuerzo de una posición dominante, se declararán incompatibles con el mercado común".

2.- <u>Criterio Cualitativo</u> (concepto de operaciones de concentración).

El Reglamento 139/2004, en su artículo 3º distingue tres modalidades de concentración:

A) Las fusiones,
B) Las adquisiciones del control, y
C) Las empresas en participación.

Señala: "...para que exista concentración en el sentido del artículo 3º, debe existir un cambio duradero del control de una o más empresas, como consecuencia de..."

A.- *Fusiones:* Por fusión se entiende la unión jurídica de dos o más sociedades mercantiles; es decir, dos o más empresas constituidas jurídicamente como entidades diferentes, deciden unirse para crear una nueva empresa, o por que una empresa absorbe a otra; también puede darse el caso de que todas las empresas involucradas desaparezcan como entidades jurídicas independientes creándose una tercera empresa con una nueva razón social.

La fusión suele tener como objetivo principal proporcionar una mejora de la eficiencia conjunta, de las empresas fusionadas, por aumento de la cuota de mercado, economías de escala, mejor aprovechamiento de recursos complementarios (sinergias), o un redespliegue geográfico sobre los mercados, produciendo todo ello una mejora considerable en la situación competitiva de la empresa.

Las fusiones pueden clasificarse según la forma como se produce la reestructuración de las empresas, en:

- *Fusión por reorganización*: se produce cuando varias empresas se unen, dejando de ser independientes y formando una única empresa que sustituye a las anteriores. Las empresas dejan de existir como sujetos jurídicos independientes, y en su lugar aparece otra empresa, que adquiere todos sus activos y pasivos.

- *Fusión por absorción*: se origina cuando una empresa es adquirida por otra dejando, en consecuencia, de existir, mientras que la adquirente conserva su personalidad jurídica.

También pueden clasificarse según los objetivos que persiguen:

- *Fusión Horizontal*: Una fusión horizontal es una fusión que combina a dos empresas que se encuentran dentro del mismo sector económico y que producen esencialmente el mismo producto. Las empresas recurren a este tipo de operación para expandir su línea de productos, para entrar en un mercado geográfico diferente o para tener más control sobre un mercado determinado.
- *Fusión Vertical*: Estas operaciones consisten en la fusión de empresas que operan en sectores industriales distintos, y que tienen como objetivo principal el de expandirse con sus productos hasta el consumidor final o hacia la fuente de materia prima, este tipo de operaciones tienen como fin el de reducir los costos de transacción entre el proveedor y el vendedor.
- *Conglomerado*: es la combinación de dos o más empresas que realizan actividades económicas diferentes, suelen formarse por la fusión de más de tres empresas mediante la compra de unas y otras. Puede tener como finalidad, una extensión de sus productos, adquirir negocios complementarios, o extenderse geográficamente[23].

23 Fernández, P., y Bonet, A., "Fusiones, Adquisiciones y Control de las Empresas", artículo publicado en la revista Arbor (revista del Consejo Superior de Investigaciones Científicas), Madrid, nº 523-524, julio/agosto de 1999, pp.39-59.

CUADRO FUSIONES

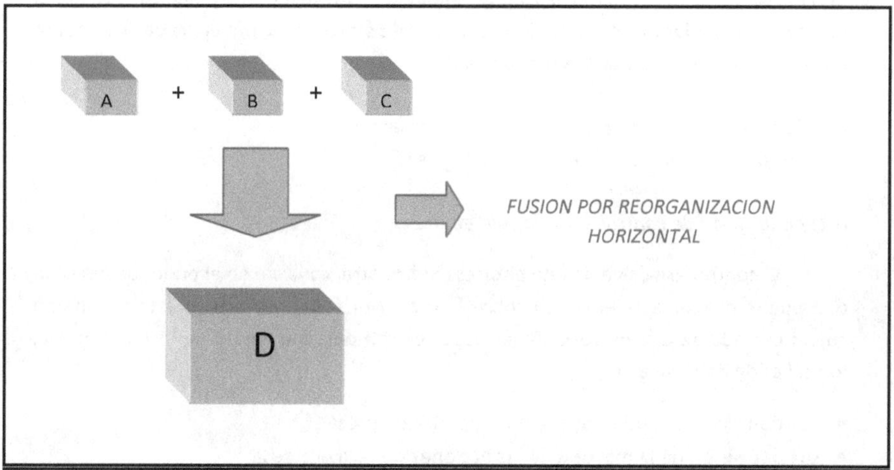

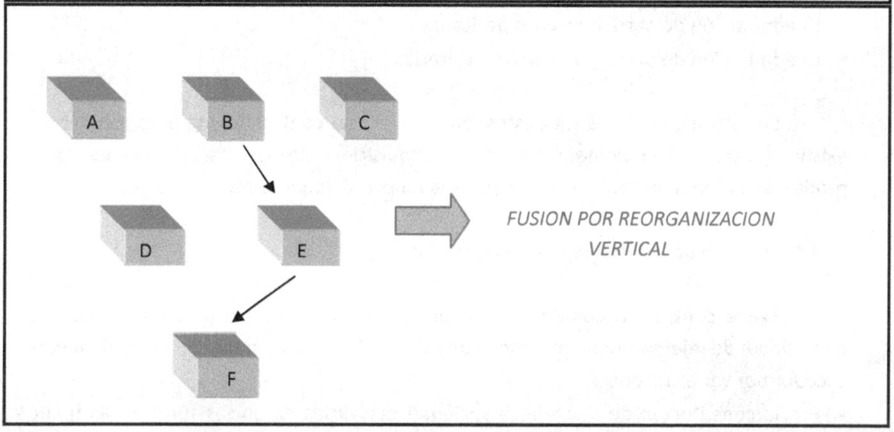

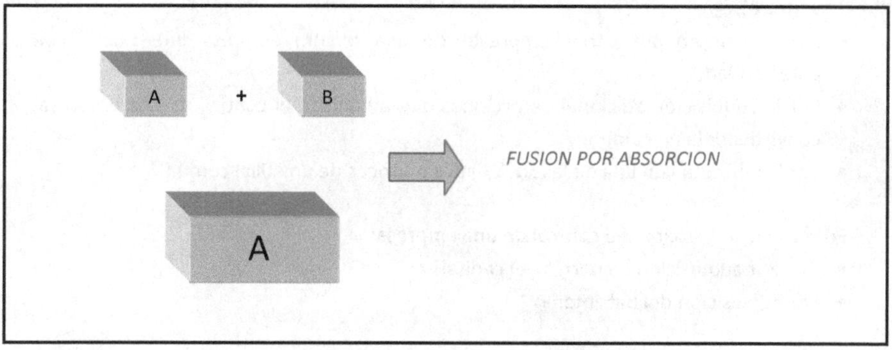

B.- *Adquisición del control de una empresa*: El control resulta de la adquisición de la titularidad de los derechos sociales, por medio de contratos u otros medios, que por si mismos o en conjunto, confieren la posibilidad de ejercer una influencia decisiva sobre una empresa: Puede tener dos modalidades:

B.1) Adquisición de control por una sola empresa, o
B.2) Adquisición del control por varias empresas.

B.1) Adquisición de control por una sola empresa:

El control exclusivo de una empresa sobre otra, consiste en el poder de decisión que puede ejercer esta empresa sobre la otra; Normalmente ocurre este fenómeno cuando se adquiere la mayoría de las acciones con derecho a voto de dicha empresa, lo cual pude deberse a:

- La adquisición de todas las acciones de otra empresa
- La adquisición de la mayoría de las acciones de otra empresa
- La adquisición de participaciones paritarias
- La adquisición de participaciones minoritarias

En estos dos últimos supuestos, para que exista control de una empresa deben existir acuerdos complementarios a la adquisición de las participaciones, que produzcan la toma de control por parte de la empresa adquirente.

B.2) Adquisición del control por varias empresas:

Existe control en común cuando dos o más empresas o personas tienen la posibilidad de ejercer una influencia decisiva sobre otra empresa, lo cual puede suceder por varias razones:

- Por la constitución de una nueva sociedad por varias empresas fundadoras (joint venture),
- Por la compra por varias empresas de una tercera empresa que existía con anterioridad,
- Por la adquisición adicional de acciones que modifican el control de una empresa, convirtiéndola en común, y
- Por la permuta con una de las sociedades matrices de una filial común

Formas de adquisición del control de una empresa:

- Por adquisición de partes del capital
- Por adquisición del patrimonio

• Por contrato: que pueden revestir la forma de (i) acuerdos de consorcio, u (ii) otros contratos de constitución de grupos de sociedades.

Un consorcio es un acuerdo entre varias empresas cuyo objetivo principal es desarrollar una actividad económica que produce beneficios económicos para todas y cada una de ellas, se utilizan para aumentar y complementar la oferta de las empresas individuales, los costos y gastos son compartidos facilitando la obtención de mayores recursos financieros.

La importancia que tiene distinguir entre una operación de fusión y una de adquisición, es que por una parte, el tipo de operación determina las empresas cuyo volumen de negocios habrá de tomar en consideración para darle a la operación carácter concentrativo y dimensión comunitaria, y por otra parte establecer las empresas obligadas a notificar la operación a los órganos correspondientes.[24]

C.- *Empresas en participación*:

Con respecto a las empresas en participación o joint ventures, cabe decir que se encuentran incluidas dentro del concepto de concentración, siempre que: (i) estén sometidas al control conjunto de dos o más accionistas o empresas y (ii) que dicho control se ejerza de manera permanente. Ante la inexistencia de esta permanencia en el tiempo se estaría en presencia más bien de una alianza estratégica entre empresas, pero no de una concentración.

Este tipo de sociedades está sujeta al control de la Comisión por el riesgo que supone la posibilidad de que las empresas fundadoras coordinen su estrategia competitiva, afectando de esa manera al mercado[25]

Se considera que una empresa es independiente de las empresas que ejercen el control conjunto sobre ella, cuando está dotada de autonomía jurídica, de recursos materiales, financieros, etc., y desarrolla una actividad económica independiente de las empresas fundadoras, además de tener capacidad para decidir sobre los aspectos comerciales propios de su actividad, de lo contrario, si estas decisiones dependen por completo de las empresas fundadoras, estaríamos en presencia de un grupo empresarial[26] pero no de una concentración.

Existen también otras situaciones que pueden generar dudas respecto a la aplicación del Reglamento 139/2004, son las alianzas estratégicas o acuerdos cooperativos entre empresas, operaciones que normalmente quedan fuera del control de concentraciones, debido a la falta de reestructuración de las empresas que participan en el proceso, pero que si produjeran un cambio estructural de las empresas

24García M., Op. Cit.22, p. 79
25 Calvo, A. y Carrascosa, J. "Las Concentraciones de Empresas", Editorial Colex, Madrid, 2006, p.109
26 Martín de Las Mulas, R, "El Concepto de concentración y la Atribución de Competencias a la luz de la Nueva Ley 15/2007 de Defensa de la Competencia y de la Normativa Comunitaria", Derecho de la Competencia Europeo y Español, Editorial Dyckinson, Madrid, 2008, pp.265-296

intervinientes, entrarían dentro del concepto de concentración, señalado en el Reglamento 139/2004.

Por su parte, los grupos de sociedades (holding), suponen un conjunto de sociedades que se vinculan entre sí y se someten a una dirección única llevada a cabo por una de ellas, que se denomina sociedad matriz, respecto de las otras sociedades del grupo (filiales). El principal objetivo del holding es el de participar en el capital y en la dirección de las otras sociedades que forman el grupo económico, a la vez que mantienen éstas su independencia legal, por ejemplo, por razones de carácter tributario.

3.- Criterio Cuantitativo *(Dimensión comunitaria).*

La Comisión determina el carácter comunitario de una concentración, basándose en tres umbrales o segmentos de acuerdo al valor económico de la operación:

3.a.- *Umbral Principal*: se utiliza para calcular el valor integro de la operación, para lo cual se suma el volumen de negocio mundial de todas las empresas que intervienen en la operación. Este volumen de negocios debe ser superior a € 5.000 millones.

3.b.- *Umbral de Minimis*: se utiliza para determinar el grado de vinculación de las empresas participantes en la concentración con el Espacio Económico Europeo (en adelante EEE). Este umbral debe ser superior a € 250 millones.

3.c.- *Umbral Transnacional*: sirve para determinar el volumen de negocios de las empresas participantes dentro del Estado donde ejercen habitualmente sus actividades. Este umbral debe ser superior a los dos tercios del volumen de negocios total de las empresas afectadas, lo que determinará que la operación queda fuera de la competencia e la Comisión, y dentro de la competencia de las autoridades del Estado de que se trate.

Además de estos umbrales se tienen en cuenta otros adicionales, que permiten determinar la dimensión comunitaria con más detalle, y considerando la realidad económica actual y otorgando mayor seguridad jurídica a las empresas; Estos umbrales se incorporaron como una solución a la dificultad de determinar la dimensión comunitaria de una concentración.

Reglamento 139/2004 artículo 1.3: *"...Una concentración que no alcance los umbrales establecidos en el apartado 2 tendrá dimensión comunitaria cuando:*

a) El volumen de negocios total a escala mundial realizado por el conjunto de empresas afectadas supere los € 2.500 millones;

b) *En al menos 3 estados miembros, el volumen de negocios total realizado por el conjunto de las empresas afectadas supere los € 250 millones en cada uno de dichos estados miembros;*

c) *En al menos 3 estados miembros contemplados a efectos de la letra b), el volumen de negocios total realizado individualmente por al menos 2 de las empresas afectadas supere los € 25 millones en cada uno de dichos estados miembros, y*

d) *El volumen de negocios total a escala comunitaria realizado individualmente por al menos 2 de las empresas afectadas supere los € 100 millones,*

Salvo que cada una de las empresas afectadas realice más de dos tercios de su volumen de negocios total en l comunidad en un mismo estado miembro"[27]

En consecuencia, la dimensión comunitaria de una operación de concentración se establece en base al conjunto de operaciones que realizan las empresas afectadas, tanto a nivel mundial, como a nivel comunitario.

El ultimo umbral (Transnacional), tiene la finalidad de determinar la competencia de la Comisión para conocer de esas operaciones, y en caso contrario supondrá la competencia del Estado en el cual las empresas afectadas realicen mas de los dos tercios de sus operaciones totales, dando lugar a la remisión del asunto (en caso que la Comisión ya hubiera comenzado a conocer de él).

<u>Volumen de negocios que determina la dimensión comunitaria de la concentración</u>

Umbral	*Volumen de negocios a escala mundial*	*Volumen de negocios a escala comunitaria*	*Volumen de negocios en Estados Miembros (al menos 3)*
Principal	*€ 5.000 millones*	*€ 250 millones*	*€ 100 millones (conjunto de empresas)*
De minimis	*€ 2.500 millones*	*€ 100 millones (al menos 2 empresas)*	*€ 25 millones (al menos 2 empresas)*
Transnacional			*Alguna de las empresas factura mas de 2/3 en un mismo Estado Miembro*

27 Reglamento 139/2004, artículo 1.3

4.- Noción de empresas afectadas.-

Las empresas afectadas son las que participan directamente en una operación de fusión o de adquisición de control. En el caso de una fusión, las empresas afectadas serán las que se fusionan, en los demás supuestos, el concepto de adquisición del control, es el que determina cuales son las empresas afectadas.

Por el lado del adquirente pueden encontrarse una o varias empresas, que adquieran el control exclusivo o conjunto de otra u otras empresas. En cuanto a la parte adquirida, puede tratarse de una o varias empresas consideradas en su conjunto o de partes de las mismas, cuando el objeto de la operación sea una de sus filiales o una parte de sus activos.

Elementos de existencia de una concentración:

1. Elemento de cambio
2. Elemento temporal
3. Elemento material

- *Elemento de cambio*: este elemento supone la modificación estructural de las empresas involucradas en la operación de concentración.
- *Elemento temporal*: el cambio estructural de las empresas afectadas debe tener una cierta permanencia en el tiempo. El Reglamento 139/2004 no señala un plazo fijo mediante el cual se determine esta permanencia, pero este plazo se puede inferir de criterios que la Comisión ha considerado para otorgarle el carácter de permanencia a la operación, señalando que debe tratarse de una modificación en la estructura de las sociedades afectadas superior a tres años.

Este requisito resulta difícil de determinar en la práctica ya que en muchos casos no es posible determinar con exactitud el período mínimo necesario para considerar una operación como concentrativa. Este período depende principalmente de las características de la operación y las circunstancias especiales del sector económico en el cual se produce.

- *Elemento material*: La operación que ocasiona una modificación estructural permanente de las empresas debe tener además como resultado la aparición en el mercado de una entidad empresarial viable económicamente, diferenciada tanto en su personalidad jurídica como en su actividad económica de las empresas que le dieron origen[28].

28 Beneyto Pérez, J., Maillo González, J., "Tratado de Derecho de la Competencia", Compilación de normas de derecho Español y Comunitario de Defensa de la Competencia, Tomo IV, Editorial Bosch, Barcelona, 2005, p.p. 2860-2861; Calvo A., Carrascosa, J., Op. Cit. 25, 78 y ss.

Existen además operaciones que el Reglamento 139/2004 no considera dentro del concepto de concentración empresarial, aunque estos supuestos suponen, en si mismos, la adquisición del control de una empresa por parte de otra o la intervención en su administración por parte de la autoridad, y en consecuencia debieran quedar sometidas al análisis de la Comisión, pero se encuentran excluidas de dicho análisis porque la adquisición del control de la empresa en estos casos obedece a circunstancias excepcionales, las cuales por sus características de excepcionalidad, no tienen permanencia en el tiempo. Estos casos son:

4.a.- *Clausula Bancaria*: Es aquella circunstancia que se produce cuando algunas entidades financieras, de crédito o aseguradoras, dentro del ejercicio de sus actividades, adquieren parte de los activos de una empresa con carácter temporal y sólo con la finalidad de proceder a la enajenación de la empresa.[29]

4.b.- *Clausula de Insolvencia*: supone la intervención de la autoridad pública en la adquisición del control de una empresa, concurriendo circunstancias especiales como: insolvencia, suspensión de pagos, convenios de acreedores o cualquier otra situación análoga.[30]

Un ejemplo de clausula de insolvencia lo encontramos en el asunto ING/Barings (M. 573 de 11 de abril de 1995).

ING (Internationale Nederlanden Groep), es una multinacional holandesa, de servicios financieros, que desarrolla sus actividades en el sector bancario y de los seguros, principalmente. Por su parte, Barings era un grupo bancario, que desarrollaba operaciones de capital, negociación de valores y gestión de activos, en el Reino Unido, principalmente. La operación consistía en la compra por parte de ING de todo el patrimonio de Barings, incluyendo su pasivo, y la recapitalización del nuevo grupo ING, que se crearía como consecuencia de la reestructuración. Barings Bank, por su parte, era uno de los principales grupos bancarios del Reino Unido, hasta su colapso en 1995, luego que uno de sus empleados, perdiera 827 millones de libras esterlinas especulando en contratos de futuros. Considerando la trayectoria e importancia del grupo económico en Inglaterra, el gobierno de ese país, a través del Banco de Inglaterra intentó realizar un rescate de la empresa, pero no tuvo éxito, ya que se necesitaba un gran aporte de capital para evitar la quiebra del grupo Barings; Como consecuencia de esta situación, el grupo fue declarado en quiebra, por lo que, ING compró Barings Bank y asumió todos sus pasivos, formando la filial ING Barings.

---

29 Reglamento 139/2004, artículo 3.5 letra a). Deutsche Bank/Commerzbank/J.M. Voith, asunto M.891, de 23/04/1997; Calvo A., Carrascosa J., Op. Cit. 25, p.102

30 Reglamento 139/2004, artículo 5.3 letra b). ING/Barings, asunto M.573, de 11/04/1995; Calvo A. y Carrascosa J., Op. Cit. 25, p. 103.

La Comisión al pronunciarse respecto a la operación, estimó que la operación consistía precisamente en una concentración, con dimensión comunitaria, que se encontraba comprendida dentro del ámbito de aplicación del Reglamento 4064/89, por lo que la sometió a examen, determinando finalmente que la posición que ocupaba el grupo ING en el mercado de referencia, esto es, los servicios financieros en general, no sufría una variación sustancial, ya que su cuota de mercado si bien aumentaba, no lo hacía de manera que contribuyera a crear o reforzar la posición de dominio que este grupo ya poseía en ese mercado, y en consideración además a las circunstancias excepcionales que concurrieron a su gestación, decidió autorizar dicha operación, basándose en la denominada *clausula de insolvencia*.

4.c.-*Clausula Luxemburguesa*: supone la adquisición del control de una empresa por parte de sociedades de participación financiera, sin interferir en el comportamiento estratégico de la empresa participada y solo limitándose a ejercer sus derechos de voto para proteger su posición de empresa inversora[31]

El asunto Charterhouse/Porterbook Leasing Company (M. 669 de 11 de diciembre de 1995), sirve de ejemplo de la aplicación de la llamada *clausula luxemburguesa.*

Charterhouse Capital Holdings, se dedicaba a la adquisición de participaciones en sociedades no cotizadas. Por su parte, Porterbook Leasing Company se especializa en el alquiler de todo tipo de material rodante ferroviario y equipos asociados. La operación de concentración consistía en la adquisición por parte del grupo Charterhouse del control de la empresa Porterbook, lo que constituyó el primer paso de la privatización del transporte de ferrocarril en el Reino Unido.

Este asunto formó parte del proceso de privatización de British Rail (ferrocarriles británicos). El patrimonio de British Railways Board, fue cedido a tres empresas diferentes a las cuales se denominó con el nombre de "ROSCO", cada una de las cuales tenía una cuota de mercado aproximada del 33%. A cada una de ellas se le asignó una cantidad similar de patrimonio, así como un número de contratos de funcionamiento con las 25 empresas de operación de ferrocarriles.

El motivo de la venta de las "ROSCO" fue el de fomentar la competencia en el mercado del suministro del material rodante de pasajeros. La Comisión hizo notar que, a primera vista, podría parecer que se produciría una restricción de la competencia debido a las cuotas de mercado de las tres "ROSCO". Sin embargo, hay que señalar que, al renovar los contratos de funcionamiento, las empresas operativas de ferrocarriles, podrían elegir entre los diferentes proveedores de material rodante. Por

31 Reglamento 139/2004, artículo 3.5 letra c). Charterhouse/Porterbook, asunto M.669, de 11/12/1995; Calvo, A. Op. Cit. 25, pp.104 y ss.

otro lado, no existirían restricciones reglamentarias ni requisitos para las licencias, que impidieran que otros operadores entrasen en el mercado.

Se determinó que la operación sólo tenía un impacto en Gran Bretaña y no existía ninguna coincidencia entre las operaciones de Charterhose y Porterbrook. En consecuencia, se consideró que la adquisición de Porterbrook por Charterhouse no creaba ni reforzaba una posición dominante en el mercado común, por lo que se concluyó que la operación no planteaba serias dudas sobre su compatibilidad con el mercado común.

VI.- Análisis de la operación de concentración.-

En este análisis, se estudian diversos aspectos, partiendo por determinar si la operación se encuentra comprendida dentro del concepto de concentración definido en el Reglamento 139/2004, y si tiene dimensión comunitaria, y en caso que se den estas dos situaciones, se analiza en su aspecto legal como económico, decidiéndose finalmente si la concentración es compatible o incompatible con el mercado común.

La Comisión toma en consideración un conjunto de factores como: la necesidad de desarrollar y de mantener una competencia efectiva en el mercado común, la estructura de los mercados de referencia, la posición en el mercado de las empresas involucradas, su fortaleza económica y financiera, las posibilidades de elección de proveedores y usuarios, su acceso a las fuentes de suministro o a los mercados, la existencia de barreras de entrada a dichos mercados, la evolución de la oferta y la demanda de los productos y servicios de que se trate, los intereses de los consumidores intermedios y finales, y la evolución del progreso técnico y económico, siempre que éste vaya en beneficio de los consumidores y no constituya un obstáculo para la competencia.[32]

Por tanto y considerando cada uno de estos criterios, se declararán compatibles con el mercado común las operaciones de concentración que no supongan la creación ni el reforzamiento de una posición de dominio en el mercado común o en una parte substancial del mismo.[33]

El criterio recogido en el Reglamento 139/2004 tiene como objetivo proteger la estructura del mercado, realizando un control efectivo de todas las concentraciones desde el punto de vista de sus efectos sobre la estructura de la competencia en la Unión, y de esa manera evitar que ésta se vea afectada de manera significativa.

El punto de partida común es la definición del o los mercados relevantes; Así, una vez definidos los mercados, se estudian los efectos que puede llegar a provocar la concentración en los mismos. Luego se analiza si la operación produce la creación o reforzamiento de una posición dominante que constituya un obstáculo para una

---

32 Reglamento 139/2004, artículo 2 letra b)
33 Calvo A., Op. Cit. 25, p.176

competencia efectiva en el mercado, teniendo en cuenta, entre otros factores, el nivel de concentración, las características del mercado y la posibilidad de que se produzca la entrada de nuevos competidores en él.

Para determinar el grado de concentración y posición que ocuparán en el mercado las empresas objeto de la concentración, se analizan en general dos tipos de operaciones:

a) *Operaciones horizontales*

Son aquellas en las que se produce un solapamiento en las actividades de las partes que se fusionan con la consecuente pérdida de un competidor, el aumento de la cuota de mercado de la empresa adquirente y el incremento del grado de concentración del mercado de que se trate.

Los efectos derivados de este tipo de operaciones pueden producir el aumento de las cuotas de mercado que ostentan las empresas afectadas, o bien, la complementariedad de las actividades desarrolladas por cada una de las empresas en mercados distintos, que puede consistir en una complementariedad geográfica o en una ampliación de la gama de productos o servicios ofrecidos por las empresas afectadas por la operación.

Este tipo de concentraciones son las más frecuentes y las que, a juicio de la Comisión, suscitan mayores riesgos desde el punto de vista de la competencia. Tales riesgos resultan de dos tipos de efectos anticompetitivos: (i) Efectos no coordinados, que suponen la eliminación de la presión competitiva sobre una o varias empresas que con motivo de la concentración dispondrán de un mayor poder de mercado por sí solas, sin necesidad de recurrir a un comportamiento coordinado, y (ii) Efectos coordinados, que implican un cambio en la naturaleza de la competencia, incrementando la probabilidad de colusión entre las empresas presentes en el mercado afectado por la concentración (conductas comprendidas dentro de las prácticas prohibidas por los artículos 81 y 82 del TCE).

b) *Operaciones verticales*

Los efectos de la integración vertical de varias empresas facilita entre ellas la coordinación de sus actuaciones en el mercado produciendo, por un lado, barreras de entrada y, por otro, contribuyendo a la exclusión de reales o potenciales competidores[34].

34 Navarro E. y Baches S., "El Nuevo Sistema Comunitario de Control de Concentraciones", artículo publicado en la revista Actualidad Jurídica, Crónica de Legislación y Jurisprudencia de Competencia, publicación trimestral, del estudio de Abogados Uría Menéndez, Madrid, nº 8, 2004, pp.45-46.

VI.1.- <u>Mercado relevante.-</u>

La noción de este concepto supone identificar el conjunto de productos (bienes o servicios) que compiten entre sí en la satisfacción de las necesidades de los consumidores, en el conjunto de empresas que pueden ofrecer dichos productos en un plazo relativamente reducido de tiempo, y en el área geográfica en la cual las condiciones de competencia para el suministro de dichos bienes o servicios son suficientemente homogéneas y diferentes de las de otras áreas geográficas próximas.

Concretamente, el concepto de mercado relevante se utiliza como marco de referencia para cuantificar las cuotas de mercado de la empresa objeto de investigación y de sus competidores que, en ocasiones, son utilizadas como base para establecer presunciones sobre la existencia de una posición de dominio. Por ello, mientras más restrictiva sea la definición del mercado relevante, mayor será la cuota de la empresa y más fuerte la presunción de su posición de dominio.

Para determinar el mercado de productos afectados, se establecen dos criterios, a través de los cuales se delimita:

a) Un criterio material, y
b) Un criterio espacial.

El mercado relevante se define por tanto en sus dos dimensiones:

• *Mercado de productos*: Es la relación que existe entre los productos y servicios que los consumidores consideran intercambiables y los productos que los sustituyen.

• *Mercado geográfico*: Es la delimitación geográfica del mercado relevante y equivale a determinar el área geográfica en donde se encuentran las fuentes alternativas a las que el consumidor podría acudir si el precio de un producto determinado se incrementara[35].

Como hemos visto, el mercado relevante combina dos conceptos, el mercado de productos y el mercado geográfico. Mercado de productos relevante comprende todos los productos y/o servicios que el consumidor considera intercambiables o sustituibles debido a sus características, su precio y al uso al que se destinan, y el mercado geográfico relevante que comprende el territorio en el cual las empresas comercializan sus bienes y servicios y en el cual las condiciones de competencia son suficientemente homogéneas. [36]

La definición del mercado de referencia, tanto en lo relativo a los productos como en su dimensión geográfica, permiten saber cuáles son los operadores

35 Soncco, P., "Control de Concentraciones Empresariales, el Derecho en los Mercados", artículo publicado en la revista de la Facultad de Derecho de la Universidad Nacional de San Agustín, 2005, Perú.
36Comunicación, Op. Cit. 15, artículos 7 y 8.

(proveedores, clientes, consumidores) que funcionan en ese mercado, sobre esta base, es posible calcular, para cada uno de los proveedores, el tamaño total del mercado y las cuotas de mercado que detentan sobre la base del volumen de negocios correspondiente a los productos en cuestión vendidos en el territorio de referencia.

A.-*Mercado de productos*: Para determinar el grado de sustituibilidad de un producto, la Comisión efectúa un estudio sobre el carácter sustituible de la demanda, es decir, de los consumidores y de los proveedores. En el primer caso, se trata de saber si, a raíz de una pequeña variación del precio normal de un producto (entre el 5 y 10 %), los clientes del producto en cuestión tienen la posibilidad de acceder de manera inmediata y eficaz a un producto similar que lo sustituya, y en el segundo caso, de comprobar si otros proveedores, ante dicha variación de precios, tienen la posibilidad de reorientar de manera inmediata y eficaz su producción y comercialización en el mercado de referencia hacia ese producto.

a).- *Sustituibilidad de la demanda:*

Tradicionalmente el elemento que más ha considerado la Comisión para valorar los efectos de una concentración es la sustitución de la demanda; Es la presión competitiva más inmediata que enfrenta una empresa y viene dada por la posibilidad de que, en respuesta a un incremento en los precios de su producto, sus clientes decidan redirigir el consumo de éste hacia otros productos o servicios que consideran sustitutivos de aquél, ya sea por razones técnicas, de precios o, en definitiva, por su capacidad para satisfacer una determinada necesidad de forma equiparable a la del otro producto.

Este elemento, consiste en determinar, en que grado es posible sustituir unos productos por otros, tomando en consideración ciertos productos que se comercializan en un territorio determinado, este concepto se instrumentaliza mediante la formulación de una variación hipotética de la relación entre el precio y el producto ofertado en el área que se examina; Es decir, mediante la combinación producto/área y el hipotético aumento de los precios se determina el grado de fidelización de los clientes con los productos ofrecidos por una empresa en un territorio determinado, es lo que se denomina, *test de precios o test del monopolista hipotético.*

El test parte de un bien, por ejemplo, X, y un área geográfica, A. A continuación, se supone que el suministro del bien X dentro del área geográfica A está controlado por un monopolista (el monopolista hipotético) que decide incrementar de forma permanente los precios entre un 5% y un 10%, seguidamente se evalúa si dicho incremento de precios resulta rentable: (i) si resulta rentable, se puede decir que el monopolista no enfrenta en el mercado de referencia restricciones competitivas que le impidan incrementar los precios, es decir, no existen sustitutivos de demanda u oferta, y por tanto, el bien X y el área geográfica A constituyen un mercado relevante; (ii) por otro lado, si no resulta rentable, dicho aumento de precios, esto indicaría que si existen en ese mercado restricciones competitivas que impedirían al monopolista hipotético incrementar los precios[37].

La política de competencia se interesa por aquellas situaciones en las que una o varias empresas disfrutan de poder de mercado del que pueden abusar en detrimento de clientes, usuarios o consumidores. Típicamente, los economistas han relacionado el poder de mercado con la capacidad para incrementar los precios por encima del nivel competitivo, y el hecho que una empresa disfrute de esa capacidad dependerá de si enfrenta o no presiones competitivas que disciplinen su comportamiento.

b).- *Sustituibilidad de la oferta*: El comportamiento de una empresa se puede ver asimismo influenciado por la posibilidad de que, en respuesta a un incremento en el precio de su producto, otras empresas decidan comenzar a competir con ella suministrando uno o varios de esos bienes o servicios que el consumidor considera sustitutivos.

El análisis de este elemento tiene por objeto obtener una imagen del impacto de la concentración sobre las fuentes de suministro existentes antes de que se concluya tal operación, lo cual permite apreciar el poder de mercado de la empresa afectada y su habilidad para elevar los precios o imponer condiciones contrarias a la competencia.

La Comisión estima que las concentraciones realizadas en mercados muy concentrados podrían ser más restrictivas de la competencia que las concentraciones en mercados donde existen gran cantidad de consumidores de un producto.

En consecuencia, la definición del mercado relevante es un instrumento que se utiliza para comprender el contexto en el que se desarrolla la rivalidad competitiva entre las empresas y sirve para realizar una primera aproximación sobre el posible dominio de la empresa objeto de investigación y los efectos de la concentración sobre la competencia.[38]

B.- *Mercado geográfico:* La Comunicación del Consejo Europeo, relativa a la definición del mercado de referencia, a efectos de la normativa comunitaria en materia de competencia[39] define el mercado geográfico de referencia como *"...la zona en la que las empresas afectadas desarrollan actividades de suministro de los productos y de prestación de los servicios de referencia, en la que las condiciones de competencia son suficientemente homogéneas y que puede distinguirse de otras zonas geográficas próximas debido, en particular, a que las condiciones de competencia en ella prevalecientes son sensiblemente distintas a aquéllas".*

37 *Jiménez, F., Cañizares, E., "Dificultades para la definición del mercado relevante", informe preparado para el Segundo Seminario de Derecho y Economía de la Competencia, organizado por la Fundación Rafael del Pino, Madrid, 18/10/2005*

38 *Jiménez, F., Op. Cit. 37.*

39 *Comunicación, Op. Cit.15, Capítulo 2, apartado 8.*

Los elementos que la Comisión considera importantes en la definición de un mercado geográfico pueden clasificarse de la siguiente forma: la realización de pruebas relativas a determinar las variaciones de precios entre las distintas zonas y las consiguientes reacciones de los consumidores, las características y naturaleza de la demanda y del producto considerado para el estudio, las preferencias de los consumidores, (tanto a nivel nacional como comunitario) las preferencias por una determinada marca, la cultura, las costumbres de consumo, el estilo de vida, etc. Tal información se consigue mediante el contacto con los principales clientes y competidores de las partes a fin de conocer sus puntos de vista sobre los límites del mercado geográfico.

La localización geográfica de las compras de los consumidores tiene también mucha importancia ya que de ésta se deduce la preferencia de los consumidores para comprar a empresas localizadas dentro del Espacio Económico Europeo.

Otro elemento a considerar, son las barreras y costos asociados al comercio transfronterizo (transporte y restricciones impuestas por la legislación o la propia naturaleza de los productos). De este elemento se puede deducir si el mercado tiene o no una dimensión nacional, como consecuencia de la existencia de dichas barreras y costos.

Asimismo el acceso a redes de distribución en una zona determinada, los obstáculos reglamentarios existentes en ciertos sectores comerciales, y los derechos de aduana, también pueden ser obstáculos a la hora de comerciar con otros Estados, lo cual determinará la zona geográfica en que dicho comercio se realiza.[40]

Sobre este tema, cabe referirse al Asunto Adidas/Reebok (M.3942 de 24 de enero de 2006).

La operación consistía en la adquisición por parte de Adidas A.G., de la totalidad de las acciones de la empresa Reebok International.

La Comisión se planteó la interrogante de determinar si se trataba de dos grandes mercados de referencia, por un lado, el mercado del calzado deportivo profesional, y por otro, el mercado del calzado deportivo en general, o bien, si se trataba de tres mercados diferentes, el del calzado deportivo profesional, el del calzado deportivo utilizado por los profesionales del fútbol, y el mercado del calzado deportivo en general, en base al grado de sustituibilidad que tenían estos productos para los consumidores.

---

40 Comunicación, Op. Cit. 15, apartado 8 y ss.

Estableciendo finalmente que se trataba de dos grandes mercados, teniendo este elemento una gran importancia, ya que de esta delimitación se derivan consecuencias fundamentales, como la delimitación de la cuota de mercado que poseen las empresas y la posición que ocupan dentro de ese mercado, permitiendo una apreciación de los efectos que tendría la futura operación concentrativa[41].

Con motivo del conocimiento del asunto Du Pont/ Imperial Chemical Industries (ICI)[42], la Comisión concluyó, que dos productos son sustitutivos entre sí, cuando sus consumidores tienen la posibilidad y están dispuestos a modificar las cantidades demandadas de un determinado producto, en respuesta a un aumento de precios;

Asimismo, señaló que el hecho de que dos productos presenten características semejantes o se destinen a un mismo uso no es condición suficiente para que sean sustitutos económicos, así, existen productos que con características muy diversas pueden, en la práctica, constituir una opción alternativa para los consumidores, de manera tal que los precios de unos influencien los precios de los otros.

<u>Asunto Du Pont/ Imperial Chemical Industries (ICI) (M. 214 de 30 de septiembre de 1992</u>).

Du Pont (Du Pont de Nemours and Co.) es un grupo radicado en Estados Unidos que desarrolla actividades en todo el mundo, en los sectores de la industria química y del petróleo. Por su parte ICI (Imperial Chemical Industries) era un grupo radicado en el Reino Unido, que desarrollaba actividades a escala internacional, en el sector de la industria química y otros sectores conexos. La operación de concentración consistía en la adquisición por parte de Du Pont de las líneas de actividad de ICI en el sector del nylon, específicamente.

La concentración propuesta tenía consecuencias directas sobre las aplicaciones finales de las fibras de nylon, que comprenden, las fibras de aplicación en la industria textil, las fibras para fabricar revestimientos para el suelo (alfombra), y las fibras para aplicaciones industriales. Tanto Du Pont como ICI competían activamente en la Unión Europea en la categoría de fibras para alfombra y fibras para usos industriales. ICI estaba, además, presente en el mercado de las fibras para usos textiles, al tiempo que Du Pont constituía el principal proveedor del mercado con sus productos lycra. Se determinó que cada una de estas categorías de fibras correspondía a un mercado diferente.

Du Pont afirmaba que debía considerarse que las fibras de polipropileno podían sustituir a las fibras de nylon, produciéndose de esta manera una sustitución de ambos productos y determinando que pertenecían al mismo mercado relevante; Sin embargo,

---

41 Calvo, A. y Canedo P., "Casos Escogidos del Derecho Antitrust Europeo", revista Estudios de Deusto, publicación semestral de la Universidad de Deusto, Vol. 55/1 (enero/julio 2007), p.345-348
42 Du Pont/Imperial Chemical Industries (ICI), asunto M.214, de de 30/09/1992.

de la investigación llevada a cabo por la Comisión, en la cual se incluyeron cuestionarios a otros intervinientes en dicho mercado, se determinó que, para los fabricantes de alfombras, las fibras de polipropileno no eran intercambiables con las de nylon, éstos manifestaron que la fibra de nylon para alfombra no podía sustituirse por polipropileno ni por ninguna otra fibra, dadas sus especiales características.

De lo anteriormente expuesto se desprendía que, en general, los fabricantes de alfombras no podían intercambiar las fibras de nylon y polipropileno de acuerdo con las fluctuaciones de precios que se produjeran en el suministro de ambas fibras.

De esta manera se estableció que al adquirir los intereses de ICI en el sector del nylon, Du Pont aumentaría su cuota de mercado en la Comunidad al 43 %, lo que suponía aproximadamente el doble de cuota de mercado de su competidor más cercano, la empresa Rhône-Poulenc/Snia, empresa conjunta en participación entre Rhône-Poulenc y Snia, filial de Fiat.

Además las dos empresas intervinientes en la operación se dedicaban a la fabricación integrada de fibras de nylon, es decir, cubrían todas las fases de la cadena de fabricación de fibras de nylon, desde la fabricación de las sustancias químicas básicas necesarias hasta la fibra final. Por consiguiente, Du Pont era un competidor muy importante en el mercado comunitario de fibra de nylon para alfombras, posición que se vería reforzada con la adquisición de las líneas de producción de ICI en el sector del nylon. Se consideró además cual sería la situación de los competidores en el mercado posterior a la concentración, siendo el principal competidor Rhône-Poulenc/Snia, cuyas empresas fundadoras habían creado la empresa conjunta para alcanzar unas dimensiones que les permitieran competir en el mercado en mejores condiciones, pero la gama combinada de productos de Rhône-Poulenc/Snia no era tan amplia como sería la de Du Pont/ICI.

Du Pont, comprendiendo las inquietudes de la Comisión a este respecto, asumió los siguientes compromisos frente a la Comisión: reservaría una capacidad de producción de 12 toneladas de fibra al año, a un tercer productor independiente (escogido por la Comisión), dicha producción de fibra se realizaría en las instalaciones que mejor convinieran al tercero, la cesión de un centro independiente de investigación para las actividades transferidas, en el lugar que el tercero escogiera, y concedería una licencia exclusiva, o cedería al tercero la marca "Timbrelle", propiedad de ICI.

La Comisión teniendo presente estos compromisos a la hora de evaluar el impacto de la operación propuesta, y estimando que el tercero podría equilibrar la fuerza comercial de Du Pont/ICI adquirida tras la concentración reduciendo considerablemente la probabilidad de que Du Pont pudiera determinar los precios y el nivel de desarrollo de los productos y de innovación en el mercado, determinó que la operación no daría lugar a una posición dominante en el mercado comunitario de fibras de nylon, que pudiera dar lugar a una reducción importante de la competencia efectiva en el mercado común, autorizando finalmente la operación.

En consecuencia, se desprende de este caso que para que dos productos puedan considerarse sustituibles, el consumidor final debe tener la posibilidad cierta, de reaccionar, por ejemplo, ante un aumento significativo en el precio de un producto, adoptando el otro producto en un tiempo relativamente corto, y cada producto debe constituir una alternativa razonable respecto al otro, tanto desde el punto de vista económico como técnico.

VI.2.- ***Posición de dominio.***

Uno de los elementos principales, si no el más importante, a tener en cuenta al momento de autorizar una concentración es la posición que ocupan las empresas afectadas en el mercado de referencia, y determinar si a causa de la concentración dicha posición podría verse reforzada o crear una posición de la cual se carecía antes de efectuarse la operación, por ello al momento de analizar si una concentración puede crear un riesgo elevado de coordinación entre las empresas que intervienen en ese mercado, se valoran las características del mercado y la posibilidad de que se produzca una colusión tácita entre ellas[43].

Una empresa tiene una posición dominante cuando dispone de un poder o fuerza económica que le permite individualmente determinar de manera eficaz las condiciones del mercado en relación con los precios, las cantidades, las prestaciones complementarias, etc., sin consideración a la acción de otros empresarios o consumidores del mismo bien o servicio.

La situación anterior puede darse en dos casos: el primero de ellos, se da cuando el sujeto es el único oferente de un determinado producto o servicio en un mercado determinado; el segundo, se refiere al hecho de no estar expuesta la empresa a competencia sustancial, aún cuando no sea el único oferente en ese mercado.

Si la decisión que toma una empresa respecto de la variación de los precios plantea una reacción en los demás intervinientes del mercado, ya sea por el tamaño de la misma, por su inserción en el mercado, por su organización, por los canales de distribución de que dispone, etc., podría decirse que dicha empresa goza de una posición privilegiada en ese mercado.

Son varios los factores que unidos entre sí determinan que una empresa se encuentre en una posición de dominio respecto de sus competidoras en un mercado determinado. Estos se clasifican en: factores estructurales y factores de conducta; estos factores agrupan a los elementos que determinan una situación de dominio, como barreras de entrada al mercado, la composición estructural del mercado, las características de la demanda, la naturaleza de los productos que se comercializan en

43 Navarro, M., "Las Conductas Conscientemente Paralelas", Editorial Thomson Civitas, Navarra, 2005, p.137.

él, la posibilidad real de que la empresa mantenga un comportamiento independiente de sus competidoras y tenga la posibilidad cierta de aumentar los precios en el sector, etc[44].

Respecto a este tema, la Comisión parte del principio, que ni la creación ni el refuerzo de una posición de dominio producido como consecuencia de una operación de concentración son por si solas suficientes para declarar la incompatibilidad de la operación con el mercado común, siempre que, dicha posición no produzca el efecto de crear o reforzar una posición de dominio anterior. [45]

El asunto Aérospatiale/Alenia/De Havilland (M.53 de 2 de octubre de 1991)[46] sirve para graficar esta situación.

Aérospatiale, (actualmente European Aeronautic Defence and Space Company EADS) y Alenia Aeronáutica, son empresas que operan en el sector de la industria aeroespacial, y controlan de forma conjunta la agrupación de interés económico denominada Aviones de Transporte Regional (ATR), establecida en 1982 con el fin de, idear, diseñar, fabricar y vender aviones de transporte regional. De Havilland, por su parte, es la división canadiense de Boeing, y se dedica a la fabricación de turbohélices de transporte regional.

La operación consistía en la adquisición conjunta por parte de Aérospatiale y Alenia, de los activos de la división De Havilland a la empresa Boeing. El resultado de la operación traería como consecuencia que Aérospatiale y Alenia, que controlan al principal fabricante de aviones de transporte regional (ATR), adquirirían la segunda empresa más importante en ambos mercados (De Havilland).

El mercado de productos afectados por la operación era el de los aviones turbohélice de transporte regional; La Comisión calculó las cuotas de mercado respectivas a partir de los pedidos de productos en firme hasta la fecha, incluyéndose también los pedidos realizados pero sin entregar, para cada modelo de avión, método de cálculo que utiliza la Comisión en la industria aeronáutica, porque permite apreciar la competitividad de los fabricantes en función de su potencia industrial.

De este análisis se concluyó que:

- en el segmento del mercado de los aviones de 40-59 plazas, la nueva entidad contaría con un 64% del mercado mundial y un 72% del mercado comunitario,
- en el segmento del mercado de los aviones de 60 o más plazas, la nueva entidad controlaría el 76% del mercado mundial y el 74% del mercado comunitario,

44Navarro, M., Op. Cit. 43, pp.217-218
45 Pellisé J., "La Explotación Abusiva de una Posición Dominante", Civitas Ediciones, Madrid, 2002, pp.222 y ss.
46 Aérospatiale-Alenia/De Havilland, asunto M.53, de 2-10-1991.

- por lo que con posterioridad a la fusión la cuota mundial de la nueva empresa se aproximaría al 50% del mercado comunitario y al 65 % del mercado mundial.

Así las cosas la concentración propuesta consolidaría considerablemente la posición de las empresas intervinientes en la operación en el mercado de los aviones de transporte regional debido, en particular, a:

- la gran penetración combinada en el mercado de los aviones de 40-59 plazas y en el transporte regional de pasajeros en general,
- la eliminación de De Havilland como competidor,
- la presencia en toda la gama de aviones de transporte regional de pasajeros, y en consecuencia,
- una considerable ampliación de la clientela.

Posterior a la concentración, los competidores de estas empresas se enfrentarían a la potencia combinada de dos grandes empresas (ATR y De Havilland), considerando además que la nueva entidad tendría todas las ventajas que supone disponer de toda una gama de modelos de avión lo que le permitiría ofrecer condiciones mucho más favorables a sus clientes, que aquellas que pudieran ofrecer sus competidores individualmente considerados, además existía el riesgo de que las empresas antes independientes, pudieran concertar sus estrategias de venta.

ATR y De Havilland además tenían proyectada la creación de una estructura común para la comercialización y servicio de mantenimiento de los aviones, lo que supondría un ahorro de costos para ellas y para sus clientes.

La Comisión consideró que como resultado de la concentración, la entidad ATR/De Havilland tendría una posición de dominio muy superior, en los mercados mundiales y comunitarios de aviones de transporte regional de pasajeros, por una parte, ATR aumentaría su cuota de mercado de un 29 % a un 50 % a nivel mundial y de un 49% a un 65% en la Comunidad, por lo que había que determinar si la posición dominante de la que gozaría ATR/De Havilland podía suponer un obstáculo para una competencia efectiva en el mercado.

En relación con las barreras de entrada a dicho mercado, se llegó a la conclusión de que debido a los elevados costos de entrada y los grandes riesgos que debían enfrentar los nuevos fabricantes de aviones, cabía suponer que no era probable que entraran nuevos competidores importantes al mercado, que pudieran contrarrestar los efectos de la operación.

La Comisión además consideró que la operación propuesta no fomentaba ni el progreso técnico ni el económico en la Unión Europea, y sumado a esto existía el peligro de que la concentración se convirtiera en un monopolio, que permitiera a ATR/De Havilland incrementar los precios sin temor a la competencia.

También se estableció que el aumento del precio de los aviones de transporte regional producía efectos importantes sobre los precios que establecían las compañías aéreas regionales en los billetes de avión, lo cual iría en perjuicio directo de los consumidores finales.

Finalmente se determinó que la concentración propuesta creaba una posición dominante en los mercados mundiales, la cual no tenía carácter meramente temporal, sino definitivo, de manera que supondría un obstáculo significativo para una competencia efectiva en el EEE y mundial, por lo que se declaró incompatible con el mercado común[47].

Posición dominante colectiva.-

Puede darse el caso que la posición de dominio no pertenezca solamente a una empresa sino que la detenten dos o más empresas competidoras, las cuales coordinan sus políticas comerciales como consecuencia de la operación, o bien antes de producirse ésta.

Con motivo del conocimiento de la concentración de las empresas Airtours y First Choice[48], en el mercado de los viajes combinados, la Comisión analizó los posibles efectos de la concentración principalmente centrándose en la posibilidad de coordinación entre ellas; Como consecuencia de dicho asunto, y habiéndose recurrido al TPI[49], éste elaboró a partir de esa sentencia *"la teoría de la posición dominante colectiva"*, sobre la base de cuatro supuestos básicos que podrían dar lugar a la existencia de este fenómeno:

- La transparencia del mercado de referencia, el cual le permita a las empresas coordinadas comprobar si sus competidores siguen o no su misma línea,
- La ausencia de presiones competitivas externas,
- La existencia de incentivos para las empresas que alineen sus políticas comerciales, incentivos que existirán, en la medida en que los beneficios económicos producto de la coordinación sean mayores que los obtenidos sin ella, es decir, actuando cada competidor por separado, y
- La existencia de mecanismos de castigo para aquellas empresas que no adhieran a la coordinación.

47 Jaime, V. y Soler, A., "Las Operaciones de Concentración Incompatibles con el Mercado Común", artículo expuesto en la XIV reunión Anales de Economía Aplicada, ASEPELT, Oviedo, 22 y 23 de Junio de 2000.
48 Airtours/First Choice, M.1524, de 22/09/1999
49 Airtours/Comisión, asunto T-342/99, de 6/06/2002

Una operación de concentración puede constituir un obstáculo para la competencia efectiva, permitiendo que las empresas coordinen sus políticas comerciales, en detrimento de desarrollar su actividad comercial de manera aislada, produciendo efectos perjudiciales para la competencia, práctica que además puede llevarse a cabo de manera tácita sin que para ello exista un acuerdo entre las empresas, evitando violar las conductas descritas en el art. 81 del TCE[50].

El primer asunto donde se reconoció formalmente la existencia de este fenómeno en materia de concentraciones, a pesar de haberse puesto de manifiesto en otros casos[51], fue el asunto Airtours/Comisión (T.342/99, STPI de 6 de junio de 2002).

Airtours y First Choice eran operadores turísticos y proveedores de viajes combinados británicos, la operación consistía en la adquisición por parte de Airtours plc, de todo el capital de su principal competidor First Choice plc.

El mercado relevante, según la Comisión, era el de paquetes turísticos a destinos cercanos, entendiendo por tales los que están a menos de tres horas de vuelo. Este es un mercado muy concentrado, en que los principales operadores (Thomson, Thomas Cook, Airtours y First Choice) absorben el 80 % de las ventas. Además todas son empresas verticalmente integradas, ya que son dueñas además de líneas aéreas y distribuyen directamente al consumidor mediante una red propia de agencias de viajes minoristas.

La Comisión estimó que la operación crearía una "posición dominante colectiva" en el mercado, lo que implicaba que en un mercado oligopolístico[52], como era el de los viajes combinados, los miembros de él pudieran adoptar conductas individuales que redujeran significativamente la competencia, y les permitiera actuar, independientemente de los competidores, y sus consumidores.

La Comisión estableció que ésta posición de dominio conjunta, existirá cuando se den las tres circunstancias siguientes:

1. *Que el mercado sea suficientemente transparente de manera que los operadores que se coordinen puedan fácilmente vigilar el mantenimiento de la coordinación,*
2. *Que existan mecanismos disuasorios para impedir desviaciones, y*
3. *Que el comportamiento de los operadores que no participen en la coordinación no sea capaz de obstaculizar los resultados esperados con la coordinación.*[53]

---

50 Nadine Watson, "Evaluación de efectos coordinados en concentraciones", Derecho de la Competencia Europeo y Español, Editorial Dyckinson, Madrid, 2008, pp. 297-315

51 Alcatel/AEG Kabel, M. 165 de 18/12/1991; Henkel/Nobel, M.186 de 23/03/1992; Thorn EMI/Virgin Music, M.202 de 27/04/1992; Nestlé/Perrier, M.190 de 22/07/1992; Gencor/Comisión, T-102/96 STJCE de 25/03/1999

52 Martínez, J., Op. Cit. 4.

53 Berenguer, L., "La Reforma del Reglamento de Concentraciones: Del Libro Verde a la Propuesta de la Comisión", Derecho de la Competencia Europeo y Español, Vol. V, Editorial Dyckinson, Madrid, 2004, pp.352-353

Respecto al primer elemento, se estableció que la transparencia del mercado debía ser suficiente para permitir a todos los miembros del oligopolio dominante conocer de manera suficientemente precisa e inmediata la evolución del comportamiento de cada uno de los demás miembros del mercado, y en relación con el segundo elemento, era necesario que dicha coordinación se mantuviera en el tiempo.

A juicio de la Comisión, el mercado de los viajes combinados a destinos cercanos constituía un mercado oligopolístico, debido a que, al tratarse de un producto homogéneo, los márgenes de utilidad eran reducidos, existía un escaso crecimiento de la demanda, rigidez y transparencia en los precios, y obstáculos de acceso al mercado, entre otros elementos.

Tras la operación la cuota de mercado de los tres primeros operadores habría pasado del 70 % al 85 %. Además, la desaparición de First Choice como proveedor para operadores de menor tamaño (la línea aérea de First Choice ofrecía pasajes de avión excedentes a terceros) aumentaría aun más el poder de mercado de las grandes empresas; En consecuencia, la desaparición de First Choice como competidor reforzaba los aspectos oligopolísticos del mercado, al eliminarla de los tres niveles de la cadena de producción y distribución (líneas aéreas, tour-operador, agencia de viajes minorista).

Por todo ello, la Comisión declaró que la operación de concentración era incompatible con el mercado común y con el normal funcionamiento del EEE, por considerar que crearía una posición dominante colectiva en el mercado británico de los viajes combinados al extranjero hacia destinos cercanos, resultado de lo cual, la competencia sería obstaculizada de forma significativa en el mercado, señalando además que los compromisos propuestos por Airtours eran insuficientes para evitar que se crease una posición dominante colectiva.

Airtours recurrió de la decisión de la Comisión y el TPI efectúo un nuevo análisis de la operación señalando en concreto que, cuando la Comisión consideraba que debía prohibirse una operación por existir el riesgo de creación de una posición dominante colectiva, recaía sobre ella la carga probatoria de dicha circunstancia, y que en este caso, esas pruebas no eran suficientemente contundentes, ya que no había podido demostrar que (i) existiese transparencia en el mercado, (ii) que fuera posible la aplicación de un mecanismo de penalización a las empresas que actuaran de modo competitivo, (iii) que los competidores pequeños y los consumidores no fueran capaces de reaccionar ante un caso de colusión tácita, y finalmente, (iv) que la concentración alteraría de modo significativo la situación competitiva existente de modo previo a la concentración, por lo que el TPI concluyó que la Comisión había cometido varios errores de apreciación respecto a elementos importantes para evaluar la posible creación de una posición dominante colectiva, recordando además que dichos elementos habían sido determinantes para declarar la incompatibilidad de la operación, anulando así la decisión de la Comisión y autorizando la operación de concentración[54].

Un caso relacionado con el anterior, fue el asunto MyTravel/Comisión (T-212/03, STPI de 09/09/2008).

MyTravel Group Plc., es la sucesora de la antigua Airtours, quien acudió de nuevo al TPI para reclamar una indemnización de perjuicios por los daños producidos con motivo de la decisión anulada a través de la sentencia del TPI de 6 de junio del año 2002, la cual autorizó la concentración entre Airtours y First Choice.

El TPI señaló a este respecto, que el hecho de que una decisión contuviera graves y manifiestos errores de apreciación no significaba que automáticamente la Comisión incurriera en responsabilidad patrimonial, ni que debiera indemnizar a las empresas afectadas. El TPI recordó que la jurisprudencia comunitaria había establecido anteriormente[55], que para poder exigir responsabilidad extracontractual a una institución comunitaria, era necesario que aquella realizara una conducta ilícita, que produjera un daño y que existiera una relación de causalidad entre ambos hechos.

El TPI se limitó a analizar el primer requisito sobre la conducta ilícita, del que derivaban a su vez dos condiciones, a saber:

a) que la infracción del Derecho comunitario fuera suficientemente grave, y

b) que la norma violada confiriera derechos a los particulares afectados por ella.

MyTravel alegó respecto a este último requisito que el Reglamento 4064/1989, vigente en ese momento, le confería, en tanto empresa afectada, el derecho a obtener la autorización a adquirir First Choice.

En cuanto a la entidad de la infracción cometida por la institución, el TPI consideró que si bien *a priori* puede existir responsabilidad de la Comisión en estos casos, dicha responsabilidad no se extiende a cualquier infracción o error de valoración, incluso si se trata de errores de cierta gravedad, dichos errores pueden en ocasiones ser compatibles con la actuación ordinaria de la institución responsable de la aplicación de las normas de competencia que es además, compleja, delicada y sujeta a un grado de discrecionalidad considerable. El TPI reconoció que si se considerase que la mera anulación de la decisión de la Comisión diera lugar al derecho a indemnizar, se comprometería la capacidad de aquella para actuar como regulador de la competencia.

---

54 Estudio Garrigues, revista "Antitrust Newsletter", nº6, de octubre de 2006, p. 7
55 Bergaderm y Goupil / Comisión, asunto C-352/98, STJCE de 4/07/2000.

A pesar de ello, consideró que en este asunto la Comisión no había demostrado, que existían suficientes elementos de disuasión que hacían inviable que los miembros del oligopolio pudieran incumplir una política tácita común y tampoco había valorado en su justa medida la capacidad de los competidores y compradores para contrarrestar la fuerza de los miembros del oligopolio.

Por ello se analizaron los defectos en que incurrió la Comisión y que determinaron la anulación de la decisión, considerando que para que éstos defectos dieran lugar a responsabilidad patrimonial, se requería que el error de valoración fuera de tal entidad que la Comisión no pudiera explicar los motivos por los que pudo razonablemente llegar al convencimiento de que su valoración estaba bien fundada, concluyendo finalmente que a pesar de las deficiencias de la decisión que determinaron la anulación de su decisión, ésta había realizado un minucioso razonamiento, examinando con detalle toda la información con que contaba en ese momento, sin que le fuera imputable una actuación ilícita que diera lugar a responsabilidad extracontractual y en consecuencia, carente de fundamento de indemnización[56].

Otro caso en el cual se analizaron los efectos de una potencial coordinación entre las empresas concentradas, fue el asunto Bertelsmann (BMG)/Sony[57], en el cual la Comisión valoró estos posibles efectos siguiendo los criterios aplicados en la sentencia Airtours/Comisión.

Asunto Bertelsmann y Sony/Impala (STJCE de 10 de julio de 2008, asunto C-413/06, en relación con la STPI de 13 de julio de 2006, asunto T-464/04, Impala/Comisión, en relación con la decisión de la Comisión de 19 de julio de 2004, asunto M.3333, Sony/BMG).

Bertelsmann es una empresa internacional de medios de comunicación que desarrolla su actividad en el campo de la música grabada a través de su filial, Bertelsmann Music Group (BMG). Sony Corporation of América, a su vez, actúa a través de Sony Music Entertainment, en el mismo mercado. La operación propuesta consistía en integrar las actividades mundiales de las empresas Sony Music Entertainment y BMG, mediante la creación de tres o más, nuevas sociedades, las cuales serían explotadas conjuntamente bajo el nombre de Sony BMG.

El 20 de enero de 2004, la Comisión envió un cuestionario a una serie de operadores del mercado, consultándoles sobre sus apreciaciones acerca de la operación; Impala (Independent Music Publishers and Labels Association), una asociación internacional belga que agrupa a 2.500 sociedades independientes dedicadas a la producción musical, respondió a este cuestionario y presentó un informe en el que exponía los motivos por los que, según ella, la Comisión debía

56 "Antitrust Newsletter", Op. Cit.54, nº 14, octubre 2008, pp.11-13
57 Bertelsmann/Sony, asunto M.3333, de 19/07/2004

declarar la operación incompatible con el mercado común, principalmente basándose en la concentración del mercado y el impacto que ello podría suponer para el acceso al mismo.

Finalmente la Comisión declaró que la operación de concentración era compatible con el mercado común en virtud del artículo 8.2 del Reglamento 139/2004, por lo que Impala interpuso un recurso de anulación ante el TPI, apoyando su recurso en que la Comisión había cambiado radicalmente su primera apreciación respecto de la operación, pasando casi de manera automática de declararla incompatible con el mercado común, a declarar su compatibilidad con éste y finalmente autorizarla. Además de basar su decisión en hechos que no habían sido suficientemente investigados por parte de la Comisión, los cuales habían constituido la base de dicha decisión.

La decisión de la Comisión se basó principalmente en dos argumentos: en primer lugar, que no se habían encontrado pruebas de la existencia pasada de una coordinación entre las políticas de precios de las grandes productoras de música; en segundo lugar, que las condiciones del mercado en el que operaban las empresas involucradas no facilitaba la coordinación de comportamientos entre ellas, por la falta de transparencia del mercado de la música, y que en consecuencia, la ausencia tanto de coordinación en el pasado, como de elementos que pudieran facilitar la coordinación futura, hacían suponer que la operación notificada no tendría como consecuencia la creación de una posición de dominio colectiva.

El TPI reprochó a la Comisión que la afirmación de que los mercados de música no eran lo suficientemente transparentes como para permitir una posición dominante colectiva no estaba motivada de manera suficiente en Derecho y que ésta había incurrido en un error manifiesto de apreciación, en la medida en que los elementos sobre los que se basó para autorizar la operación fueron fundamentalmente los datos aportados por las partes, sin tener en consideración la información aportada por otros operadores a lo largo de la investigación, la cual se contradecía con lo sostenido por las empresas afectadas, y teniendo en cuenta además, que dicha afirmación, había constituido el motivo principal sobre cuya base la Comisión llegó a la conclusión de la inexistencia de riesgo de una posición dominante colectiva, entre Sony y BMG.

El TJCE, por su parte, conociendo del asunto, señaló a este respecto que la determinación de la existencia de una posición dominante colectiva debía apoyarse sobre una serie de elementos de hecho probados, pasados o presentes, que dieran cuenta de un obstáculo significativo para la competencia en el mercado, debido al poder adquirido por determinadas empresas para adoptar conjuntamente una misma línea de acción sobre este mercado, en forma apreciable, independientemente de sus competidores, de su clientela y de los consumidores, no pudiendo tomarse solamente en consideración la transparencia de un determinado mercado (como en este caso).

Cabe recordar que el TJCE ya había resuelto, que el concepto de posición dominante colectiva estaba comprendido en el de posición dominante en el sentido del artículo 2 del Reglamento 139/2004, y en la cual se señalaba que "...*la existencia de un acuerdo o de otras relaciones jurídicas no era indispensable para afirmar la existencia de una posición dominante colectiva, ya que esta situación podía ser el resultado de otros factores, en especial, de una apreciación de la estructura del mercado de que se trataba...*"[58].

Además en el caso comentado, hubiera sido excesivo exigir, como pretendió el TPI, una descripción detallada de cada uno de los aspectos que sirvieron de base a la decisión controvertida, como la naturaleza de los descuentos de promoción, las circunstancias en las que éstos podían aplicarse, su impacto específico sobre la transparencia de los precios, teniendo en cuenta además que Impala había estado estrechamente implicada en el procedimiento formal y que había tenido oportunidad de impugnar ante el TPI la validez de la apreciación sobre el fondo efectuada por la Comisión en la decisión controvertida. El TJCE finalmente determinó estimar el recurso de casación, delegando la decisión final del asunto en el TPI por haber sido éste órgano quien había anulado la decisión de la Comisión, que por este procedimiento se confirmó[59].

VI.3.- Cálculo del volumen de negocios.-

El volumen de negocios se determina comprendiendo los importes totales de la venta de productos y la prestación de servicios por las empresas afectadas, durante el último ejercicio que correspondan a sus actividades ordinarias.

Dentro de este concepto se consideran todos los actos jurídicos mercantiles que impliquen transmisión de la propiedad de dichos bienes, considerando solo las ventas netas, previas las deducciones señaladas expresamente en el Reglamento 139/2004.[60]

A este respecto cabe mencionar una sentencia que dictó el TPI, conociendo de un recurso de nulidad interpuesto en contra de la Comisión por parte de la sociedad española Endesa S.A., asunto Endesa/Comisión (T-417/05 de 14 de julio de 2006), en la cual, el elemento determinante para que la Comisión considerase que no era competente para conocer de la operación programada entre Endesa S.A. y Gas Natural S.A., era precisamente la diferente interpretación, que realizó ésta, sobre la forma en que debía calcularse el volumen de negocios de ambas empresas.

Por una parte, la Comisión estimó que el volumen de negocios de Endesa, al igual que en otros asuntos[61], debía calcularse con arreglo a los principios contables generalmente aceptados (PCGA), porque normalmente sólo existen cuentas auditadas, y en consecuencia fidedignas, respecto del último ejercicio completo, mientras que las

58 Sentencia Francia y otros/Comisión, denominada Kali & Salz, asuntos C-68/94 y C-30/95, de 31/03/1998.
59 "Antitrust Newsletter", Op. Cit. 54, nº 14, octubre 2008, pp.10-11
60 Reglamento 139/2004, artículo 5.1; Op. Cit., 14.
61 Asunto EDP/Comisión, T-87/05, de 21/09/2005

cuentas de los períodos más recientes carecen de las garantías que ofrecen las cuentas auditadas, lo que traía como consecuencia que el volumen de negocios de Endesa en España representaba el 80 % de su volumen de negocios comunitario, con lo cual la operación quedaba dentro del umbral transnacional, y carecía de dimensión comunitaria; Por otro lado, Endesa estimaba que el calculo del volumen de sus negocios debía hacerse, sobre la base del sistema contable NIC/NIIF (Normas Internacionales de Contabilidad y Normas Internacionales de Información Financiera), que en el momento de notificación de la operación, eran las únicas cuentas consolidadas que podían considerarse para determinar si la concentración tenía o no dimensión comunitaria, al igual como lo había resuelto anteriormente al conocer de la operación Deutsche Telekom/SAP[62], lo que traería como consecuencia que la operación tendría dimensión comunitaria y cabría examinarla según el Reglamento 139/2004. Finalmente la Comisión decidió seguir en su postura y remitió los antecedentes a las autoridades Españolas de Defensa de la Competencia[63].

62 Asunto Deutsche Telekom/SAP, M. 705, de 29/03/1996
63 Comisión Nacional de la Competencia (CNC), Expediente nº 05082, en relación con el expediente nº C-94/05 del Tribunal de Defensa de la Competencia, hoy Comisión Nacional de la Competencia (7/09/2007); Navarro E. y Baches S., Op. Cit. 34, nº 15 (2006), pp.131-132.

VII.-Procedimiento.-

1.- Primera Fase

1.a.- Notificación de la operación

Establece el Reglamento 139/2004, que "*...deben notificarse a la Comisión las operaciones concentrativas, (i) antes de su ejecución e inmediatamente después de concluido el acuerdo, (ii) después de anunciarse la oferta pública de adquisición, (iii) o después de haberse adquirido una participación de control, según corresponda.*

También es posible la notificación, cuando las empresas afectadas demuestren a la Comisión su intención de buena fe de concluir un acuerdo, o, en el caso de una oferta pública de adquisición, cuando hayan anunciado públicamente su intención de presentar la oferta, siempre que el acuerdo o la oferta previstos den lugar a una concentración de dimensión comunitaria.

Si no existe ninguna circunstancia de las anteriormente previstas, el procedimiento sobre control de las operaciones de concentración, se inicia con la notificación de la operación, a través de un formulario establecido al efecto"[64].

Las partes que deben notificar son:

- Tratándose de una fusión o de la adquisición del control conjunto de una empresa, conjuntamente las empresas intervinientes en la fusión o las empresas que adquieren el control conjunto, según corresponda.[65]
- En el caso de adquisición de una empresa, es la empresa adquirente quien debe realizar la notificación[66]
- Tratándose de una oferta publica de adquisición de una empresa (OPA), es la empresa que realiza la oferta quien debe realizar la notificación.[67]

El formulario de notificación debe contener información relativa a las empresas afectadas con la operación, a la naturaleza de operación en si misma y a sus motivaciones, así como información de los mercados a los cuales afectará, respecto a ellos, las partes deben señalar además, en que otros mercados podría tener la operación un impacto significativo.

Respecto a la operación en si misma, debe señalarse una descripción de la estructura económica y financiera de la concentración, la fecha prevista o propuesta de los actos conducentes a su perfeccionamiento, la estructura de propiedad o de control propuesta posterior a la realización de la concentración, los apoyos financieros

64 Reglamento 139/2004, artículo 4.1
65 Reglamento 139/2004, artículo 4.2
66 Reglamento 139/2004, artículo 4.2
67 Reglamento 139/2004, artículo 4.2

recibidos por alguna de las partes, la naturaleza y cuantía de dicho apoyos, y el valor de la operación.

Respecto de las empresas afectadas, el volumen de negocios mundial, el volumen de negocios en la UE, el volumen de negocios en la AELC [68], una lista con todas las empresas que pertenezcan al mismo grupo, una relación de cualesquiera otras empresas que operen en los mercados afectados, una descripción de los canales de distribución y las redes de prestación de servicios existentes en los mercados afectados, las preferencias de los clientes, el grado de sustituibilidad de los productos ofrecidos por las partes, las barreras legales de acceso al mercado, otro tipo de restricciones derivadas de la existencia de patentes, conocimientos técnicos (know-how), u otros derechos de propiedad intelectual o industrial existentes en el mercado, y la posición de cada una de las partes en el contexto mundial.

Inmediatamente de recibida la notificación de la operación, la Comisión realiza un análisis respecto a la operación de concentración notificada, dentro del cual tendrá que determinar cuestiones de carácter jurídico-económico; Principalmente, si la operación entra en el ámbito de aplicación del Reglamento 139/2004[69], si ésta alcanza dimensión comunitaria[70], si se trata de una concentración en el sentido en que las define el Reglamento 139/2004[71], y sobre todo, si constituye o puede llegar a constituir un riesgo para la competencia, mediante la creación o reforzamiento de una posición de dominio en el mercado de que se trate; La Comisión cuenta para realizar este análisis con un plazo máximo de 25 días laborables, ampliable a 35 días laborables si algún estado miembro realiza alguna solicitud dentro del procedimiento o bien, si las empresas afectadas proponen algún tipo de compromisos en el acto de la notificación.

1.b.- Efecto suspensivo y dispensa

Mediante la notificación de la operación se inicia la llamada Primera Fase del procedimiento, y ella produce el efecto de suspender la operación que se notifica hasta que la Comisión pronuncie su dictamen acerca de la operación concentrativa.

Este efecto suspensivo tiene por objeto evitar que la operación produzca efectos en el mercado, mientras no exista un pronunciamiento definitivo por parte de la Comisión, de tal manera de no correr el riesgo de que la operación produzca plenos efectos y posteriormente sea prohibida por la Comisión[72].

Existe, sin embargo la posibilidad para las empresas afectadas de solicitar a la Comisión una dispensa, en virtud de la cual, la operación produce plenos efectos mientras está pendiente de análisis por parte de la Comisión; Esta circunstancia tiene lugar, en ciertos y determinados casos, los cuales deben estar plenamente justificados,

---

68 Asociación Europea de Libre Comercio, creada el 4/01/1960, por la Convención de Estocolmo, actualmente pertenecen a ella, Islandia, Noruega, Suiza y Liechtenstein.
69 Reglamento 139/2004, artículo 1
70 Reglamento 139/2004, artículo 1
71 Reglamento 139/2004, artículo 3
72 Reglamento 139/2004, artículo 7

y acreditar que dicha solicitud se hace para no perjudicar a los clientes de las empresas afectadas, por ejemplo, los clientes de una entidad financiera,[73] o cuando una empresa está sometida un procedimiento concursal [74].

Un ejemplo de la concesión de esta dispensa lo encontramos en el Asunto Deutsche Bank/Banco de Madrid (M.341 de 28 de mayo de 1993).

Banco Comercial Transatlántico S.A. (Bancotrans) es la filial española del grupo Deutsche Bank, que posee el 99,64% de sus acciones. Su actividad principal consiste en la prestación de servicios bancarios. El Banco de Madrid, por su parte es un banco español dedicado fundamentalmente al sector de banca al por menor en España. La operación consistía en la adquisición por parte de Bancotrans, de la totalidad de las acciones del Banco de Madrid, propiedad del Banco Español de Crédito S.A. (Banesto).

Las actividades bancarias afectadas por la operación eran las de la banca al por menor. Dentro de este mercado las empresas afectadas ofrecían principalmente dos categorías de servicios bancarios: cuentas bancarias (depósitos) y préstamos (crédito).

Teniendo en cuenta que la operación no daba lugar a cuotas de mercado significativas en ningún mercado de producto o geográfico determinado, no fue necesario realizar una delimitación exacta de dicho mercado. Desde el punto de vista geográfico, el análisis del impacto de la concentración se podía limitar exclusivamente al territorio español.

Consideró la Comisión que la suspensión de la operación podría lesionar los intereses de los clientes de los bancos que participaban en la operación, por lo que le otorgó una dispensa del efecto suspensivo de la notificación, en virtud del artículo 7.3 del Reglamento 4064/89, mientras durase el examen de los antecedentes por parte de la Comisión.

La Comisión estimó además que, como resultad de la adición de las cuotas de mercado de las empresas afectadas y su posición a nivel comunitario y español, la concentración no creaba ni reforzaba una posición dominante como resultado de la cual la competencia efectiva pudiese verse obstaculizada de forma significativa en el mercado común o en una parte sustancial del mismo, por lo que finalmente autorizó la operación.

La notificación empieza a producir efectos desde la fecha en que la Comisión recibe la información completa de la operación[75]; Una vez que la operación es notificada en la forma y en la oportunidad señaladas, la Comisión procede a su publicación lo cual permite a los terceros que puedan tener algún interés en ella

---

73 Deutsche Bank/Banco de Madrid, asunto M.341 , de 28/05/1993, EC Merger Control Reporter, vol. 1, pp.1101-1102
74 Matra Marconi Space/Satcomms, asunto M.1636 , de 21/03/2000 , EC Merger, Op. Cit. 73, vol. 4, pp. 1687-1690
75 Reglamento 802/2004, Op. Cit. 11, artículos 5.1 y 5.2

formular observaciones, Esta etapa termina mediante la dictación de un pronunciamiento de la Comisión en el cual manifiesta su decisión respecto de la operación, pronunciamiento que tiene un carácter eminentemente provisorio, y que puede resolver de distintas maneras:

Primero: Puede considerar que el Reglamento 139/2004 no es aplicable a la operación analizada, lo que sucederá tratándose de operaciones que no revisten el carácter de concentración a los efectos del artículo 3 del Reglamento 139/2004, o bien, tratándose de una operación de concentración, ésta no tiene dimensión comunitaria[76].

Segundo: Puede estimar que la concentración notificada no plantea riesgos en cuanto a su compatibilidad con el mercado común[77].

Tercero: Si por el contrario observa que el Reglamento 139/2004 es aplicable y la operación le merece serias dudas respecto a su compatibilidad con el mercado común, inicia un procedimiento de investigación, dando lugar a la segunda fase del procedimiento[78]

Se ha dicho que esta decisión es provisoria porque tratándose del primero y segundo de los supuestos, esa decisión puede cambiar, ya que aun habiendo la Comisión autorizado la operación, puede revocar su decisión si las empresas afectadas hubieran entregado información incompleta o errónea, induciendo con ello a error en la decisión, y cuando la Comisión hubiera autorizado la operación bajo ciertas condiciones o compromisos, los cuales hubieran sido incumplidos por las partes[79].

2.- <u>Segunda Fase</u>

La segunda fase del procedimiento, se inicia habiéndose dictado por parte de la Comisión la decisión provisoria, según sea el caso, ya que solo se dará lugar a la etapa de investigación, cuando la Comisión tenga dudas respecto a su compatibilidad con el mercado común; Siendo así, la Comisión dispone de un plazo de 90 días laborables, para realizar una investigación mas a fondo a acerca de los elementos determinantes para autorizar o prohibir la operación; Este plazo puede ampliarse a 105 días laborables, cuando las empresas afectadas hayan formulado compromisos con el objetivo de que la operación sea autorizada.

Esa etapa también llamada de investigación o principal, termina mediante la dictación de un pronunciamiento definitivo por parte de la Comisión, el cual puede contener a su vez diversas decisiones:

76 Reglamento 139/2004, artículo 6.1 letra a)
77 Reglamento 139/2004, artículo 6.1 letra b)
78 Reglamento 139/2004, artículo 6.1 letra c)
79 Reglamento 139/2004, artículo 6.3

2.a.- Autorización con condiciones

Esta decisión puede ir en algunos casos acompañada además de una decisión de desconcentración, si las partes ya hubieren procedido a realizar la operación concentrativa,[80]además de la imposición de cuantiosas multas.[81]

Un ejemplo de este tipo de decisiones lo constituye el asunto Kesko/Tuko (M.784 de 19 de febrero de 1997).

Kesko, es una sociedad anónima finlandesa dedicada al comercio minorista de bienes de consumo diario y de productos especializados, también opera en el sector del comercio de dichos bienes vendidos al por mayor y en autoservicio. Po su parte, Tuko era una sociedad anónima también finlandesa, especializada en el sector del comercio mayorista y minorista de bienes de consumo diario y de productos especializados. La operación consistía en la adquisición por parte de la sociedad finlandesa kesko, de todo el capital de la empresa Tuko.

La operación de concentración se evaluó en base a dos mercados, el del comercio mayorista, y el sector del comercio minorista, en relación con los productos de uso diario.

La Comisión luego del análisis efectuado llegó a la conclusión que las empresas afectadas, constituían verdaderos bloques de poder económico en dichos mercados, por varios elementos:

En cuanto a las relaciones contractuales que ligaban a Kesko con sus minoristas:

- los minoristas estaban obligados a utilizar los logotipos Kesko y los servicios de asistencia técnica prestados por Kesko,
- la existencia de bonos y descuentos, que suponían un incentivo para que los minoristas se mantuvieran fieles a la estrategia del grupo Kesko,
- los mecanismos de control de que disponía Kesko para garantizar la adhesión de los minoristas a los objetivos comunes del grupo,
- la organización de Kesko en cinco cadenas voluntarias cuyas políticas comerciales estaban coordinadas de forma centralizada,
- el hecho de que los proveedores consideraban que Kesko y sus minoristas formaban una empresa integrada, debido a la estructura del sistema de facturación de Kesko, y a la integración vertical de sus políticas comerciales,

---

80 Reglamento 139/2004, artículo 8.4 letra b). Kesko/Tuko, asunto M. 784, de 19/02/1997. Asunto Cementbouw/Comisión, T-282/02, STPI de 14/07/2006)
81 Reglamento 139/2004, artículo 14.2 letra b)

- las estrategias de Kesko en materia de propiedad de los locales en que se ejercían las actividades del comercio minorista, y
- los compromisos financieros de los minoristas Kesko para con Kesko.

La Comisión además, estableció el riesgo que existía, de que, como consecuencia de la operación de concentración, Kesko tendría la capacidad para organizar a los minoristas de Tuko, de la misma forma que a sus propios minoristas, teniendo en cuenta, principalmente la existencia de "*acuerdos cadena*", cuyo objetivo era promover el comercio de productos entre Kesko y el minorista, obligando a éste último, a someterse a las decisiones del consejo de administración de la cadena en materia de política comercial.

Por todo ello, la Comisión condicionó la autorización de la operación al cumplimiento de ciertos compromisos por parte de Kesko, relacionados principalmente con su obligación de una vez realizada la operación, vender en bloque las actividades de Tuko en el comercio de bienes de consumo diario; Kesko, por su parte, propuso un compromiso diferente a la Comisión, que le permitía quedarse con una parte del patrimonio de Tuko, constituido por los almacenes Anttila, sin embargo, la Comisión consideró insuficiente la medida, declarando la operación incompatible con el mercado común.

Con todo, se sometió la cuestión al TPI motivando la recurrente (Kesko) su recurso principalmente en el hecho que la Comisión había realizado una apreciación errónea, respecto a la existencia de una posición dominante, considerando las relaciones existentes entre Kesko y sus minoristas, y entre Kesko y la sociedad Tuko, respectivamente.

En relación con esto, el TPI consideró que de acuerdo a la interpretación sobre la determinación de la existencia de una posición dominante en un mercado determinado, no era necesario que el comportamiento denunciado hubiese afectado efectivamente al comercio entre los estados miembros, sino que por el contrario, bastaba con demostrar que dicho comportamiento podía producir esos efectos, considerando además que el control de las operaciones de concentración, es un control a priori y sus objetivos son evitar la creación de una posición de dominio y, por otro lado, evitar que ante la existencia de dicha posición, ésta se vea reforzada como consecuencia de la operación. Agregó el tribunal que la Comisión puede tener en cuenta los efectos potenciales sobre el comercio entre Estados miembros, siempre que sean suficientemente significativos y previsibles, sin que sea necesario probar que la operación de concentración controvertida haya afectado efectivamente al comercio intracomunitario.

En este caso, en particular, la concentración, habría afectado a la estructura del comercio minorista y mayorista de bienes de consumo diario en Finlandia de forma que ejercería una influencia significativa, directa o indirecta, sobre la corriente de intercambios entre los Estados miembros, habida cuenta de las relaciones de estas empresas con los proveedores de otros estados, las barreras de entrada al mercado finlandés de otros competidores, la sólida posición de los productos vendidos con las marcas Kesko y Tuko que les proporcionaba a estas dos empresas ventajas en lo que respecta a la fidelidad de la clientela y, posiblemente, les permitiría fijar los precios sin tener que tomar en consideración la reacción de sus competidores[82].

Otro caso donde se impusieron condiciones a la autorización, fue el asunto Telefónica/O2 (M.4035 de 10 de enero de 2006).

Telefónica S.A., es un operador global de telecomunicaciones que está presente en Europa, África y Sudamérica y que opera en la mayoría de los segmentos de las telecomunicaciones (telefonía fija y móvil, servicios de negocios, transmisión de datos, acceso a Internet, comercialización de directorios y guías, entre otras). En el EEE, Telefónica actualmente proporciona servicios de telecomunicaciones fijos y móviles en España, Alemania, Reino Unido, Irlanda, Eslovaquia y la República Checa. Por su parte, O2 Plc., era un proveedor de servicios de telecomunicaciones móviles en el Reino Unido, Alemania e Irlanda. La operación consistía en la adquisición por parte de Telefónica a través de una oferta pública de la empresa O2.

Ambos operadores estaban presentes en la telefonía móvil y ofrecían servicios de llamadas a nivel nacional y de itinerancia internacional (roaming) a otras empresas de telecomunicaciones. Los servicios internacionales de roaming permiten a los operadores de telecomunicaciones de teléfonos móviles ofrecer a sus clientes la posibilidad de usar sus teléfonos móviles en los países donde están presentes los demás operadores de la red; Para conseguir estos objetivos los operadores de telecomunicaciones participan en alianzas internacionales, las cuales les permiten acceder a esos servicios en los países miembros y en los de sus asociados creando así una especie de red de telecomunicaciones. En Europa existen dos redes de telefonía, FreeMove a la que pertenecía Telefónica, además de France Telecom, Telecom Italia y Deutsche Telecom; y Starmap que reúne a empresas de telecomunicaciones de menor tamaño, y a la cual pertenecía O2.

Como consecuencia de la investigación de mercado, la Comisión observó que la operación podría afectar a la competencia en relación con el funcionamiento de las alianzas entre operadores de redes creadas para mejorar los servicios de roaming.

Según la Comisión, la concentración podría producir restricciones a la competencia en el mercado de los servicios de roaming internacional, ya que sería muy probable que, una vez efectuada la operación, O2 dejaría la alianza Starmap para pasar a FreeMove o bien, alinearía su comportamiento con esta última, lo que

---

82 Jaime, V.; Op. Cit. 47, pp.16-17.

generaría aumentos significativos de costos para el resto de los operadores que no eran miembros de FreeMove.

La Comisión finalmente autorizó la operación pero dicha autorización quedó condicionada al compromiso de Telefónica de abandonar la alianza FreeMove y a no reincorporarse a la misma en los próximos años sin el consentimiento previo de la Comisión[83].

Otro caso destacable fue el asunto Iberia/Vueling/Clickair (M.5364 de 9 de enero de 2009).

Iberia Líneas Aéreas de España, S.A., es una compañía de transporte aéreo, dedicada al transporte aéreo de pasajeros y mercancías, el mantenimiento de aviones y la asistencia en aeropuertos (*handling*).

Vueling Airlines, S.A., es una compañía aérea de bajo coste, su principal actividad es el transporte aéreo regular de pasajeros, operando vuelos regulares de corta y media distancia entre las principales ciudades españolas y varios destinos de Europa.

Clickair S.A., era una compañía aérea de bajo coste que ofrecía servicios de transporte aéreo regular de pasajeros de corto y medio radio.

La operación consistía en la adquisición, por parte de Iberia del control exclusivo de Vueling y Clickair, mediante el intercambio y adquisición de acciones.

En julio del año 2008, Vueling, Clickair, Inversiones Hemisferio, S.L., Iberia y Nefinsa, S.A. (todas accionistas de vueling y clickair), habían celebrado un contrato marco de integración de Clickair y Vueling. En dicho contrato se acordó que la integración de ambas compañías sería realizada a través de una fusión por absorción de Clickair por Vueling, con extinción de la primera y la transmisión en bloque de todo su patrimonio social a Vueling. Una vez ejecutado dicho contrato, Iberia adquiriría el control sobre la entidad resultante de la fusión entre Clickair y Vueling.

El principal mercado afectado por la operación era el mercado del transporte aéreo regular de pasajeros, por lo que la Comisión adoptó el mismo sistema que había utilizado en otros asuntos relativos a este mercado, el enfoque punto de origen/punto de destino (enfoque O & D), considerando que cada una de las rutas afectadas por la operación, constituía un mercado de producto y geográfico distinto desde el punto de vista de la demanda. La Comisión identificó 19 rutas en las que el solapamiento de las actividades de las partes llevaría a serios problemas de competencia, ya que se llegaría a cuotas combinadas de hasta el 100% en algunos casos.

Sobre la base de los referidos elementos de análisis, la Comisión consideró que la operación planteaba serias dudas respecto a la competencia en dicho mercado, por lo que condicionó la operación a la adquisición de compromisos por parte de Iberia, en relación con las rutas mas afectadas por la operación, las cuales consistieron en poner

83 *"Antitrust Newsletter", Op. Cit. 58, nº 4, Abril 2006.*

a disposición de los competidores determinadas franjas horarias o "*slots*" (es decir, derechos de aterrizaje y despegue en los aeropuertos en horas determinadas) en el horario en que les fueran solicitadas en rutas europeas y nacionales para las compañías que no fueran miembros de la alianza OneWorld, de la cual es parte Iberia, que fueran independientes, que buscaran incrementar o iniciar servicios regulares de transporte en esas rutas y que necesitaran de esos "*slots*" para operar; y, por otro lado, ofrecer a los competidores la posibilidad de participar en el programa de pasajeros frecuentes de Iberia (Iberia Plus) en las rutas en cuestión. En base a los mencionados compromisos, la Comisión Europea concluyó que la operación no obstaculizaba de forma significativa la competencia en el mercado y acordó autorizarla.[84]

Existen asimismo casos en los cuales la Comisión ha resuelto declarar junto con la incompatibilidad de la operación con el mercado común, la desconcentración de una operación ya realizada, a este respecto cabe señalar la sentencia dictada por el Tribunal de Primera Instancia con ocasión del conocimiento del asunto <u>Cementbouw/Comisión</u> (T-282/02, STPI de 23 de febrero de 2006).

La sociedad Cementbouw Handel & Industrie BV. dedicada al mercado de los materiales de construcción y, el holding alemán, Haniel que fabrica y comercializa materiales de construcción, habían adquirido el control conjunto de una sociedad llamada CVK, una cooperativa neozelandesa dedicada a la venta de la producción de sus empresas miembros, también del ámbito de los materiales de construcción.

La operación consistía en la transformación de la estructura de una empresa conjunta con plenas funciones (CVK). El control de dicha empresa lo habían adquirido a través de una serie de transacciones que formaban varios acuerdos conjuntos entre empresas (pooling agreement), los cuales solo habían sido notificados a la autoridad de competencia nacional neozelandesa y no así a la Comisión por tratarse de varios acuerdos que cada uno de ellos considerados no entraban dentro de los limites señalados por el 139/2004 para que la operación tuviera dimensión comunitaria.

La Comisión estimó que dichos acuerdos debían estar sujetos a su autorización y conociendo de ellos, determinó autorizar la operación pero sujeta al cumplimiento de ciertas condiciones por las partes, principalmente se les impuso la disolución de la empresa conjunta CVK.

El TPI resolviendo el asunto estableció el alcance y significado del concepto de concentración, señalando que, concurriendo una modificación de la estructura de una empresa y siendo este cambio o modificación de carácter permanente, existe concentración en el sentido del Reglamento 139/2004, independientemente de la cantidad de transacciones que se realicen para ello, pudiendo tratarse de una sola

---

84" Antitrust Newsletter", Op. Cit. 58, nº 16, mayo 2009; "Potenciales Efectos de la Fusión Clickair/Vueling en el territorio de Cataluña", informe elaborado por la extinta Dirección General de Defensa de la Competencia en el mes de noviembre de 2008, Generalitat de Catalunya, Departament d'Economia i Finances, Direcció General de Defensa, de la Competència, Área d'Estudis i Análisis del Mercat; "Actualidad Jurídica", Op. Cit. 34, nº 23, mayo/agosto de 2009, p146.

operación concentrativa o bien de varios acuerdos, como era en este caso, debiendo tener en cuenta no la cantidad de operaciones, sino el resultado que se consigue con ellas, es decir, la adquisición del control conjunto de una empresa, es una situación que entra dentro del concepto de concentración empresarial y en consecuencia, dentro del análisis económico y jurídico de la Comisión[85].

2.b.- Remisión del asunto a un Estado Miembro

La Comisión asimismo puede ordenar la remisión del asunto a un Estado miembro, por tratarse de una operación concentrativa que afecta a un mercado definido, el cual no posee carácter comunitario, sino local[86], es lo que se conoce con el nombre de clausula alemana, por ser las autoridades de este país quienes la pusieron en práctica por primera vez, considerando la conveniencia de tramitar a través de su propia legislación, las operaciones de concentración que constituían un riesgo para la competencia dentro de su territorio.

En este supuesto, el estado que solicita la remisión de un determinado asunto, debe demostrar que la operación tiene el efecto de crear o reforzar una posición de dominio en su territorio, y que el mercado de referencia respecto al cual se evalúa la operación, es un mercado definido[87].

Por mercado definido se entiende aquel territorio en el que las condiciones de competencia son suficientemente homogéneas, teniendo en cuenta la naturaleza y características de los productos y/o servicios de que se trate, las barreras de entrada a dicho mercado y las preferencias de los consumidores[88]

Sobre este punto cabe recordar la STPI al conocer de un recurso de nulidad interpuesto por una de las empresas afectadas, en el asunto <u>Endesa/Comisión</u> (T-417/05, STPI de 14 de julio de 2006).

En este caso, la Comisión basándose en que el cálculo de volumen de negocios de las dos empresas intervinientes en la operación (Endesa y Gas Natural), determinó que la operación no excedía los limites cuantitativos establecidos en el Reglamento 139/2004, y en consecuencia que la operación carecía de dimensión comunitaria, por lo que envío los antecedentes a las autoridades de competencia españolas[89]

Endesa recurrió al TPI de esta decisión, fundando su pretensión en que la Comisión había incurrido en errores de interpretación del Reglamento 139/2004, realizando el cálculo del volumen de negocios sobre normas de contabilidad erradas.

También se planteó por parte de Endesa la incompatibilidad de la existencia de dos procesos iniciados por parte de la Comisión y por parte de un estado miembro

85"Actualidad Jurídica", Op. Cit. 34, nº14, 2006, p.133
86 Reglamento 139/2004, artículo 9.1 y 9.2 letras a) y b)
87 Mangas, N., "La repatriación de las Operaciones de Concentración de dimensión comunitaria", Derecho de la Competencia Europeo y Español, Volumen III, Editorial Dyckinson, Madrid, 2002, pp.339-364.
88 Briones J., Folguera J., Font y Navarro E., "El control de concentraciones en la Unión Europea", Editorial Marcial Pons, Madrid, 1999, p. 324.
89 Op. Cit. 38.

para pronunciarse respecto a una operación de concentración, como había sucedido en el caso, violando el *"principio de ventanilla única"*, el cual supone que la Comisión, en principio, es la única autoridad llamada a analizar las operaciones concentrativas.

El tribunal manifestó que la Comisión había tomado su decisión con arreglo a lo prescrito en el Reglamento 139/2004, señalando respecto a éste ultimo punto que la Comisión antes de entrar al fondo del asunto debe verificar ante todo si la operación tiene dimensión comunitaria, ya que si no es así, dicha operación debe encuadrarse dentro de la legislación de los estados miembros, y que además la Comisión no es la encargada para reenviar de oficio un asunto, sino que por el contrario son los estados quienes deben solicitar su remisión.

2.c.-Claúsula holandesa

Puede existir también la situación contraria, es decir, que sean las autoridades de un estado miembro quienes soliciten a la Comisión que analice y determine la compatibilidad o incompatibilidad de una operación de concentración, es lo que se denomina clausula holandesa, por haber sido este país el primero en promoverla, al no contar con una normativa especifica respecto a este tipo de operaciones.

Para que tenga lugar, la operación debe producir como resultado la creación o reforzamiento de una posición de dominio en un Estado miembro y que dicha situación pueda afectar el comercio entre los estados miembros de la Unión Europea.

En el asunto Kesko/Tuko (M 784 de 19 de febrero de 1997), se planteó esta cuestión; Las autoridades de Defensa de la Competencia de Finlandia solicitaron, en principio, la remisión del asunto para analizar los efectos que podría causar la operación dentro de su territorio.

La Comisión analizó la solicitud de dicho país y decidió no remitir los antecedentes, basándose, en que por la capacidad económica y la estructura organizativa tanto de las empresas afectadas como de la operación, ésta no sólo afectaría a la competencia dentro de dicho país, sino que también afectaría de manera considerable a la competencia en el ámbito comunitario

2.d.- Silencio Administrativo Positivo

Puede no haber pronunciamiento en ningún sentido, en cuyo caso se presume que la operación es compatible con el mercado común y se encuentra autorizada[90]

En caso de autorizar la operación, la Comisión determinara la compatibilidad de ella de acuerdo a ciertos criterios establecidos en el mismo Reglamento 139/2004, los cuales dicen relación con dos elementos importantes:

---

90 Reglamento 139/2004, artículo 10.6.

a) Que la operación que se autoriza no suponga la aparición de estructuras de mercado que favorezcan el ejercicio de poder de mercado que sea incompatible con el mercado común[91], y

b) Que dicha operación no sea un instrumento para concertar las actividades comerciales de las empresas que se unen, según los criterios establecidos en el TCE[92], es decir, que dichos acuerdos, decisiones o prácticas concertadas, en principio prohibidas, sean necesarias para alcanzar los objetivos perseguidos por el mercado común y que no impongan a las empresas restricciones que no sean indispensables para alcanzar esos objetivos, o les ofrezcan la posibilidad de eliminar la competencia en el mercado de que se trate.

2.e.-Incompatibilidad de la operación

Si la Comisión determina que la operación notificada se encuentra recogida dentro de lo que señala el articulo 2.3 del Reglamento 139/2004, es decir, que de autorizarse, podría obstaculizar de forma significativa la competencia en el mercado común, como consecuencia de la creación o reforzamiento de una posición de dominio, o se opone a lo establecido en el artículo 81.3 del Tratado Constitutivo de la UE, es decir, que la operación tenga por objeto o suponga un riesgo de creación entre las empresas afectadas, de categorías de acuerdos, asociaciones o prácticas que se opongan al mantenimiento de la libre competencia en el mercado común; Las declarará incompatibles y en consecuencia prohibidas.[93]

Un caso simbólico de esta situación fue el asunto Tetra Laval/Sidel (M. 2416 de 30 de octubre de 2001).

Tetra Laval es un holding que agrupa a una serie de empresas del sector de los envases de cartón para alimentos líquidos, siendo Tetra Pak la empresa que más destaca por su liderazgo a nivel mundial en el procesamiento de envases para este tipo de alimentos. Sidel se dedicaba al diseño y fabricación de equipos y sistemas de envasado, en particular de máquinas de moldeo por soplado y estirado utilizadas para producir botellas de plástico.

La operación consistía en la adquisición por parte de Tetra Laval SA, mediante una oferta pública de compra de todas las acciones en circulación de Sidel SA, empresa que cotizaba en bolsa en Francia.

La Comisión determinó que la operación afectaría el sector del envasado de alimentos líquidos, procediendo a realizar el examen del impacto de la operación sobre la base, principalmente, de cuestionarios efectuados a diferentes empresas del sector económico en cuestión, los cuales tenían como objetivo determinar el grado de

91 Reglamento 139/2004, artículo 2.2
92 Reglamento 139/2004, artículo 2.4, en relación con el artículo 81.3 del Tratado Constitutivo de la UE, Op. Cit. 6.
93 Tetra Laval/Sidel, asunto M. 2416, , de 30/10/2001

sustituibilidad de los envases de cartón por los envases fabricados con otros materiales, específicamente el PET (tipo de materia prima plástica derivada del petróleo, perteneciente al grupo de los materiales sintéticos denominados poliésteres).

La investigación de mercado y el análisis efectuado por la Comisión demostraba que la operación podría reforzar la posición dominante de Tetra en el mercado de máquinas de envasado de cartón aséptico y en el mercado de equipos de envasado en PET. La proximidad de estos dos mercados hacían presagiar un reforzamiento de su posición en ambos mercados, creando barreras a la entrada en los mismos, reduciendo al mínimo el peso de sus competidores y dando lugar a que la totalidad del mercado relevante tuviera una estructura monopolística.

El análisis de la Comisión se basó en cuatro elementos determinantes en su decisión: en primer lugar, las empresas afectadas contaban con una clientela común, debido a la proximidad de los mercados de envasado en cartón y PET. En segundo lugar, dado el futuro aumento de la utilización del PET en nuevos segmentos de productos, la concentración permitiría a la entidad nacida de la operación conseguir una posición dominante en el mercado del PET usando como palanca la posición dominante que ostentaba Tetra en los mercados del cartón. En tercer lugar, la concentración reforzaría la posición dominante de Tetra en los mercados del cartón. En cuarto lugar, la unión de ambas posiciones dominantes consolidaría la posición de la nueva entidad nacida de la concentración en el sector del envasado de productos líquidos, reforzando así las posiciones dominantes de las dos empresas intervinientes.

La Comisión llegó a la conclusión de que al unir a la empresa dominante en el mercado del envasado en cartón, Tetra, y a la empresa líder en el de equipos de envasado en PET, Sidel, la operación propuesta crearía una estructura de mercado que daría a la nueva entidad los incentivos y los instrumentos necesarios para transformar su posición de liderazgo en el mercado de equipos de envasado en PET, en una posición dominante, lo que provocaría efectos contrarios a la competencia en la totalidad del mercado de máquinas estiradoras-sopladoras.

La Comisión estimó además que los compromisos adquiridos por las partes eran insuficientes para eliminar los principales problemas de competencia identificados en el mercado, por lo cual declaró la operación incompatible con el mercado común.

Tetra interpuso un recurso de nulidad contra la decisión impugnada, alegando que la Comisión había aplicado incorrectamente el artículo 2.3 del Reglamento 139/2004, ya que había estimado que la concentración tendría efectos horizontales y verticales significativos contrarios a la competencia, y efectos de conglomerado y que además no había valorado adecuadamente los compromisos asumidos por las empresas afectadas.

El TPI estimó que del conjunto de consideraciones aportadas por las partes y del análisis de los estudios efectuados por la Comisión, la decisión impugnada no demostraba de un modo jurídicamente suficiente que la concentración modificada produciría efectos significativos contrarios a la competencia, por tanto, que la Comisión había incurrido en un error manifiesto de apreciación al prohibir la concentración y decidió anular la decisión impugnada[94].

2.f.- Recursos

Contra la decisión de la Comisión cabe interponer algunos recursos por las empresas o terceros que sientan que sus intereses han sido vulnerados con la decisión adoptada, estos recursos pueden ser de de tres tipos y con finalidades muy diferentes:

a) *Recurso de nulidad*: este recurso tiene por objeto recurrir al Tribunal de Primera Instancia (TPI) o al Tribunal de Justicia de la Unión Europea (TJCE), de las decisiones de la Comisión en aplicación del Reglamento 139/2004; A partir del año 2002 se le otorgó competencia al TPI para conocer, no solo de las cuestiones procedimentales sino también, de los análisis económicos realizados por la Comisión en el conocimiento de una operación de concentración, surgiendo algunas decisiones emblemáticas del tribunal, por oponerse sustancialmente a las decisiones de la Comisión.[95]
b) *Recurso de plena jurisdicción*: este recurso tiene por objeto recurrir contra una decisión de la Comisión por la cual se impongan multas. En la práctica se interpone conjuntamente con el recurso de nulidad.
c) *Recurso por omisión*: tiene por objeto solicitar el pronunciamiento de la Comisión respecto de la operación de concentración; En la practica, este recurso no se utiliza, ya que como señala el articulo 10.6 del Reglamento 139/2004, si hubieren trascurrido los plazos que le concede el Reglamento 139/2004 a la Comisión para resolver acerca de la compatibilidad o incompatibilidad de la operación, sin que la Comisión se hubiere pronunciado respecto de ella, ésta se considerara compatible con el mercado y en consecuencia autorizada.[96]

94"Actualidad Jurídica", Op. Cit. 34, nº4, 2003, pp.97-98
95 Sentencia Airtours /Comisión, T- 342/99 de 6/06/2002; Sentencia Schneider /Comisión, asunto T-310/01, de 2/10/2002;Treta Laval BV/Comisión C-333/94, STPI de 25/10/2002; Largardére SCA y Canal + S.A./Comisión, T-251/00, STPI de 20/11/2002
96 Reglamento 139/2004, artículo 10.6

Cuadro del Procedimiento en materia de Concentraciones

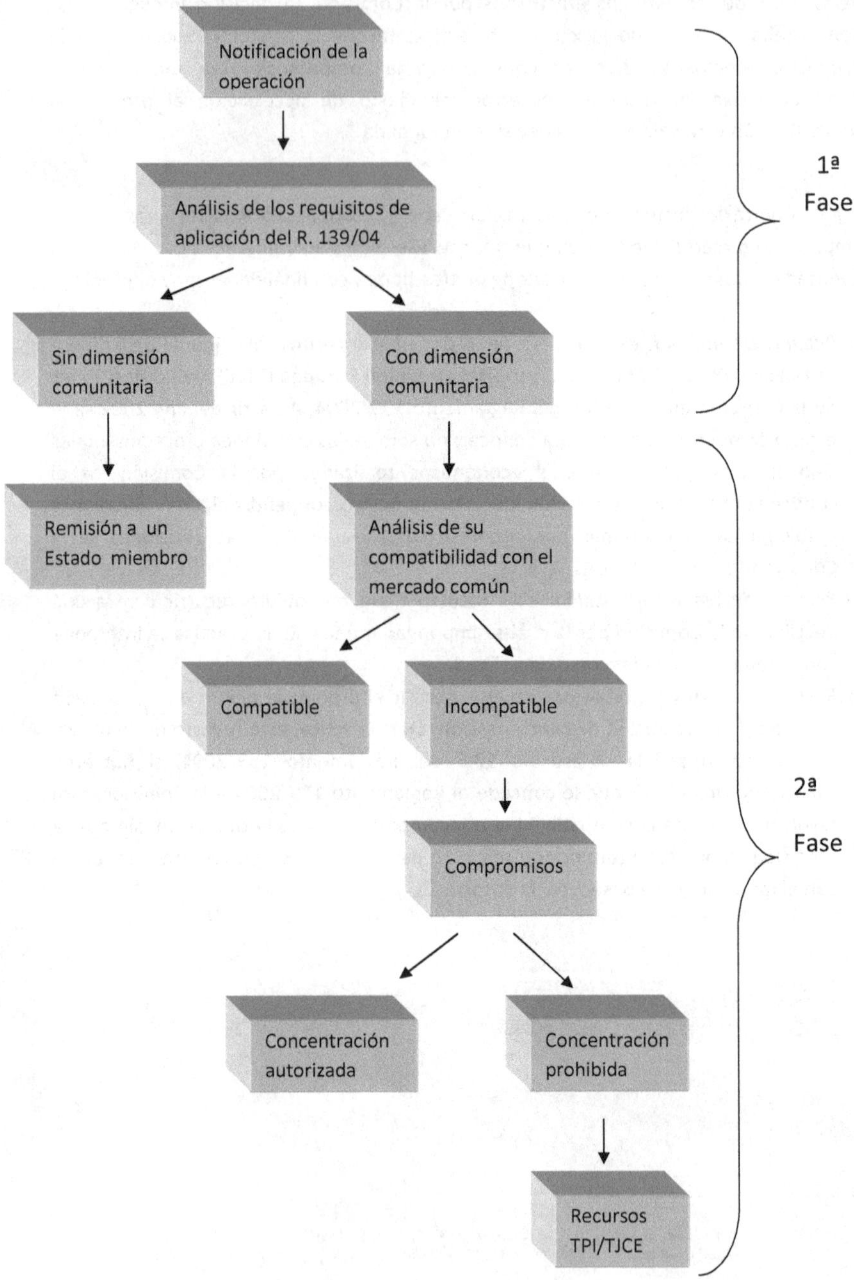

Asunto Easy Jet Airline/Comisión (T. 177/04 de 4 de julio de 2006)

En esta sentencia el TPI establece una serie de conceptos que sirven de base doctrinal en el estudio de los elementos que se consideran en el análisis de la compatibilidad o incompatibilidad de una operación de concentración, principalmente en lo que se refiere a la posición de dominio de las empresas afectadas.

La demandante Easy Jet, es una compañía aérea de bajo costo, con domicilio social en el Reino Unido, que ofrece sus servicios hacia distintos destinos europeos, fundamentó su recurso de nulidad, en el daño que se le habría causado con motivo de la autorización por parte de la Comisión, de la operación concentrativa entre Air France y KLM, ambas empresas del rubro del transporte aéreo, tanto de pasajeros como de carga.

La demandante argumentó que en la decisión de 11 de febrero de 2004[97], por la cual se autorizó dicha operación, la Comisión habría incurrido en criterios erróneos de apreciación lo que la habría llevado a autorizar la operación señalada.

El tribunal haciendo una revisión de los argumentos esgrimidos por la demandante determinó el alcance de ciertos conceptos que son fundamentales al momento de pronunciarse acerca del grado de compatibilidad de una operación de concentración y que además ponen de manifiesto los criterios que ha venido siguiendo la Comisión en este sentido.

Los argumentos defendidos por la recurrente, se pueden resumir en que la Comisión no habría analizado el fortalecimiento de la posición dominante de la entidad fusionada en las rutas aéreas en las que no existía solapamiento, entre las actividades de las partes de la concentración, tampoco habría analizado el eventual fortalecimiento de la posición dominante de la entidad fusionada en el mercado de la compra de servicios aeroportuarios, la demandante imputa a la Comisión un error de apreciación por haber considerado que los aeropuertos de Charles De Gaulle y Orly ambos ubicados en la ciudad de Paris, eran sustituibles.

El tribunal señaló que según jurisprudencia reiterada, el control ejercido por el juez comunitario sobre las apreciaciones complejas de orden económico realizadas por la Comisión en el ejercicio de la facultad de apreciación que le otorga el Reglamento 139/2004 debe limitarse a comprobar el respeto de las normas de procedimiento y de motivación, sin entrar a valorar la exactitud material de los hechos, y la presencia de errores manifiestos de apreciación[98].

Señaló además que al tenor del artículo 2.3 del Reglamento 139/2004, deben declararse incompatibles con el mercado común las operaciones de concentración que supongan un obstáculo significativo para una competencia efectiva, al crear o reforzar una posición dominante en el mercado común o en una parte sustancial del mismo, por tanto, *a contrario sensu*, la Comisión debe declarar compatible con el mercado

97 Asunto Air France/KLM, M.3280, de 11/02/2004
98 Sentencias Petrolessence y SG2R/Comisión, asunto T-342/00, de 3/4/2003 y EDP/Comisión, asunto T-87/05, de 21/9/2005

común toda operación de concentración notificada en la cual no concurran las dos condiciones que establece la disposición. En consecuencia, cuando no se crea ni se refuerza una posición dominante, la operación debe autorizarse sin que resulte necesario examinar sus consecuencias futuras sobre la competencia efectiva [99]

Para determinar si la concentración proyectada no creaba o reforzaba una posición dominante, la Comisión definió primero el mercado de referencia[100] y en esta definición tuvo en consideración, la sustituibilidad desde el punto de vista de la demanda, y para ello, examinó las diferentes posibilidades de que disponían los pasajeros para el transporte entre dos puntos, la ciudad de París con el aeropuerto Charles de Gaulle y con el de Orly, señalando que el elemento decisivo para el reconocimiento de la sustituibilidad geográfica no era la distancia que separaba ambos aeropuertos, sino el tiempo necesario para llegar hasta ahí, tomando como punto de referencia el centro de la ciudad de París.

Además el examen de la competencia no toma como único punto de partida la competencia actual entre las empresas presentes en el mercado de referencia, sino también la competencia potencial, para saber si de acuerdo a la estructura del mercado y del contexto económico y jurídico que regula su funcionamiento, existen posibilidades reales de que las empresas afectadas compitan entre sí, o de que un nuevo competidor pueda entrar en ese mercado y competir con las empresas ya presentes[101], en vista de esta circunstancia es que la Comisión consideró oportuno que debían proponerse compromisos en los mercados afectados en los que la cuota de mercado de las partes se acercara al 50 %, respetando de este modo la presunción de dominio definida en la jurisprudencia[102]

En cuanto a la alegación que la demandante basa en la ineficacia de los compromisos por ser de mero comportamiento, procede recordar que los compromisos de este tipo no son insuficientes para impedir la creación o el reforzamiento de una posición dominante y deben valorarse caso por caso. Por otro lado, en lo que atañe al argumento según el cual la Comisión no previó ninguna revocación expresa en caso de incumplimiento de los compromisos, el TPI señaló que la decisión impugnada si previó un procedimiento acelerado de resolución de conflictos para los supuestos en los que un nuevo competidor o un nuevo proveedor de servicios de transporte aéreo, tuviera razones para creer que la entidad fusionada no había cumplido con los compromisos suscritos, asimismo, señaló que los compromisos quedaban sometidos al control de un administrador, quien tiene la misión de verificar si la entidad fusionada ejecuta correctamente las obligaciones asumidas en dichos compromisos, produciéndose la revocación de la autorización de la operación en caso de incumplimiento.

---

99 Sentencia Air France/Comisión, asunto T- 3/93, de 24/03/1994
100 Sentencia Hilti/Comisión, asunto T-30/89, de 12/12/1991
101 Sentencia European Night Services y otros/Comisión, asuntos T-374/94, T-375/94, T-384/94 y T-388/94, de 15/09/1998
102 Sentencia AKZO/Comisión, asunto C-62/86, de 3/07/1991

Recordó además la sentencia que el Reglamento 139/2004 en su artículo 6.2, faculta a la Comisión puede autorizar una operación de concentración, si los compromisos propuestos por las partes despejan las serias dudas acerca de la compatibilidad de dicha operación con el mercado común, como sucedió en este caso.

2.g.- Responsabilidad Extracontractual de la Comisión.-

Asimismo el TJCE dictó una sentencia emblemática por ser la primera sentencia en la cual se reconoce el derecho de una empresa afectada por la decisión de la Comisión de incompatibilidad de una concentración, que genera responsabilidad extracontractual de ésta y se la condena a pagar una indemnización por este hecho, asunto Comisión/Schneider Electric (C-440/07, STJCE de 16/07/2009; en relación con los asuntos T-351/03 STPI de 11/07/2007, y asuntos T-310/01 y T-77/02, STPI de 22/10/2002, y en relación con el asunto M.2283 Decisión de 04/12/2002).

El 16 de febrero de 2001, Schneider y Legrand, sociedades matrices francesas de dos grupos dedicados a la producción y venta, el primero, de productos y sistemas en el sector de la distribución eléctrica, y el segundo, de aparatos eléctricos de instalaciones de baja tensión, notificaron a la Comisión, un proyecto de adquisición del control de la totalidad de la empresa Legrand por parte de Schneider mediante una oferta pública de canje.

La Comisión consideró que la operación planteaba serias dudas respecto de su compatibilidad con el mercado común, y procedió a iniciar el procedimiento de investigación, durante su tramitación, remitió a Schneider un pliego de cargos según el cual la operación daría lugar a la creación o refuerzo de una posición dominante en cierto número de mercados sectoriales nacionales, para que hiciera las alegaciones y observaciones que estimara pertinentes. En su respuesta las partes involucradas en la operación, rebatieron la definición de los mercados relevantes, realizada por la Comisión, así como su análisis del impacto de la operación en dichos mercados.

Tras el procedimiento de examen, la Comisión declaró la incompatibilidad de la operación con el mercado común (Decisión de 04/12/2002), ya que dicha operación, por un lado, crearía una posición dominante que obstaculizaría de manera significativa la competencia efectiva en algunos mercados sectoriales nacionales, a saber, los de Dinamarca, Grecia, España, Francia, Italia, Portugal y Reino Unido, y por otro, reforzaría la posición dominante de estas empresas en varios mercados sectoriales franceses, por lo que se declaró finalmente que la operación era incompatible con el mercado común, imponiendo además la separación de las empresas concentradas.

Schneider interpuso ante el TPI, un recurso de anulación contra la decisión de la Comisión, dando lugar al conocimiento de dos asuntos generados con motivo de dicha decisión, (Sentencia Schneider I, pronunciada sobre la incompatibilidad de la operación con el mercado común, y Sentencia Schneider II, pronunciada sobre la decisión de separación de las empresas, ambas de 22/10/2002, pronunciadas en los asuntos T-

310/01 y T-77/02, respectivamente), el TPI anuló la decisión de la Comisión, basándose en errores de análisis y de apreciación del impacto de la operación sobre los mercados de referencia analizados, señalando que la Comisión había sobreestimado el poder económico de la nueva entidad resultante de la concentración, así como en algunos mercados, había subestimado el poder económico de dos importantes competidores de dicha entidad, y en referencia a la violación de normas procesales (artículo 18 apartados 1 y 3 del Reglamento 139/2004), específicamente el derecho de defensa de Schneider, señaló que el pliego de cargos no permitió a Schneider evaluar en toda su amplitud los problemas de competencia identificados por la Comisión y que se había privado a Schneider, por un lado, de la posibilidad de impugnar de manera efectiva la tesis de la Comisión, y, por otro, de la oportunidad de presentar eficazmente y a su debido tiempo propuestas correctoras de la incompatibilidad de la operación.

La Comisión inició así un segundo procedimiento de examen de la operación de concentración, pero ante la posibilidad de una nueva prohibición de la operación, Schneider decidió vender sus participaciones en Legrand a un precio mucho menor que el le había costado.

Asimismo interpuso un recurso ante el TPI, sobre la base del artículo 288.2 del TCE[103], para que la Comisión le indemnizara por los perjuicios sufridos:

- gastos del segundo procedimiento, y
- el menor precio obtenido por la venta de la empresa Legrand.

El TPI estableció a este respecto que, sin perjuicio del amplio margen de apreciación del que goza la Comisión al efectuar el análisis económico en materia de concentraciones, la vulneración de los derechos de defensa de Schneider daba derecho a gran parte de la indemnización solicitada, pero desestimó otorgar la indemnización respecto al menor precio de la cesión de Legrand, basando su decisión sobre la base de la ruptura del nexo causal, entre el ilícito y el daño causado, por estimar que la cesión de Legrand había sido decidida por Schneider cuando la Comisión todavía no se había pronunciado sobre la compatibilidad o incompatibilidad de la operación, riesgo que asumió como propio y en consecuencia debía soportar las consecuencias de ese riesgo. La Comisión recurrió de casación ante el TJCE quien en definitiva mantuvo la postura del TPI, desestimando el recurso de casación, y fundando su decisión en la violación por parte de la Comisión del derecho de defensa de Schneider, y estableciendo los presupuestos sobre los cuales cabe la indemnización de perjuicios con base en la responsabilidad extracontractual de la Comisión: a saber, que exista violación manifiesta y grave de normas de procedimiento y que exista un nexo causal, entre la conducta de la Comisión y el daño ocasionado a la empresa.

103 TCE, Op.Cit. 6, artículo 288.2: "En materia de responsabilidad extracontractual, la Comunidad deberá reparar los daños causados por sus instituciones o sus agentes en el ejercicio de sus funciones, de conformidad con los principios generales comunes a los Derechos de los Estados miembros".

En conclusión, el TJCE ha interpretado que para que la Comisión deba indemnizar, ésta debe ser directa, inmediata y exclusivamente responsable del daño ocasionado[104].

104 *"Antitrust Newsletter", Op. Cit. 54, nros. 10 (octubre 2007) y 17 (septiembre 2009).*

VIII.-Conclusiones

Luego del desarrollo de este trabajo investigativo he podido concluir que existen aspectos que merecen un planteamiento de parte de las personas ligadas a este tema, y que estimo conveniente tratar en este punto, a modo de conclusiones finales.

I.- En relación con el nuevo sistema o criterio de evaluación de las operaciones de concentración introducido por el Reglamento 139/2004, estimo que ha sido un acierto dicha modificación, porque se han combinado los conceptos básicos de ambos criterios, el *de la disminución de la competencia*, con *el de la dominancia*, sin prescindir de la ventajas de uno y otro. Sería conveniente además, ir observando el desarrollo que ha tenido y que tendrá en las futuras operaciones de concentración la modificación de este criterio, para fortalecer aún más el establecido en el Reglamento 139/2004 y la jurisprudencia en ese sentido, tanto del TPI como del TJCE.

II.- Sería conveniente que, al igual que en el anterior Reglamento que regulaba estas materias, al cual al cabo de 10 años de evaluación se lo sometió a un análisis a fondo, a través del llamado Libro Verde, al cumplirse dicho período, se evaluara también el Reglamento actual, sobre la base de su eficiencia para evitar los efectos perjudiciales para la competencia por parte de las operaciones de concentración, tanto dentro del mercado común como del Espacio Económico Europeo. Ello traería aparejado una mejora en la evaluación de las operaciones de concentración, lo cual redundaría en beneficio tanto de consumidores como de empresarios.

III.- Estimo que los efectos que pueden ser causados sobre la competencia, deben ser analizados y estudiados con mayor profundidad, específicamente los llamados *efectos no coordinados* de las empresas, sus causas y sus efectos, y preguntarse ¿cual es la función del Reglamento 139/2004 para evitar dichos efectos en materia de concentraciones?.

IV.- Otro aspecto destacable es el reconocimiento por parte de las autoridades de la Unión Europea de la existencia de responsabilidad extracontractual de la Comisión en el conocimiento de este tipo de operaciones, como ocurre en otros ámbitos del Derecho Comunitario, y que supondrá a partir de dicho reconocimiento una revisión más exhaustiva de ellas.

V.- Asimismo y conforme avanza la evolución del Derecho y encontrándonos inmersos en una situación de crisis económica mundial, considero que este tipo de operaciones se harán aún más frecuentes, por lo cual todo aquello que pueda hacerse por mejorar las herramientas de que se dispone en la evaluación de estas operaciones, es bienvenido.

IX.- Bibliografía.-

1.- "Actualidad Jurídica", Crónica de Legislación y Jurisprudencia de Competencia, publicación trimestral del Estudio de Abogados Uría Menéndez, Nros.4 (Enero/Abril 2003), 8 (Mayo/Agosto 2004), 14 (Mayo/Agosto 2006), 15 (Septiembre/Diciembre 2006), y 23 (Mayo/Agosto 2009, Madrid.

2 "Antitrust Newsletter", publicación mensual del Estudio de Abogados Garrigues, Nros. 6 (octubre 2006), 9 (julio 2007), nº 10 (octubre 2007), 11 (febrero 2008), 14 (octubre 2008), 15 (febrero 2009), y 17 (septiembre 2009), Madrid.

3.- Beneyto, José María y Maíllo, Jerónimo, "Tratado de Derecho de la Competencia", Editorial Bosch, Barcelona, 2005.

4.- Beneyto, José María; Maíllo, Jerónimo; Esper, Mariano, "La Nueva Ley de Defensa de la Competencia", Editorial Bosch, Barcelona, 2009.

5.- Berenguer, Luis, "La Reforma del Reglamento de Concentraciones: Del Libro Verde a la Propuesta de la Comisión", Derecho de la Competencia Europeo y Español, Vol. V, Editorial Dyckinson, Madrid, 2004.

6.- Briones, Juan; Folguera, Jaime; Font, Andrés; Navarro, Edurne, "El control de concentraciones en la Unión Europea (La práctica de la Comisión Europea y las novedades introducidas en el Reglamento CEE 4064/89 por el Reglamento CE 1310/97)", Marcial Pons Ediciones Jurídicas, Madrid, 1999.

7.- Calvo Alfonso, Carrascosa Javier, "Las Concentraciones de Empresas", Editorial Colex, Madrid, 2006.

8.- Calvo Alfonso; Canedo, Pilar, "Casos Escogidos del Derecho Antitrust Europeo" Revista Estudios de Deusto, publicación semestral de la Universidad de Deusto, Vol. 55/1 (enero/junio 2007), Bilbao.

9.- Comunicación de la Comisión, relativa a la definición de mercado de referencia, D.O. C.E. 372 de 09/12/1997.

10.-Comunicación de la Comisión, sobre el concepto de concentración, DO. C.E. 66, de 2/03/1998.

11.- Comunicación de la Comisión, sobre el concepto de empresas afectadas, DO. C. E. 66, de 2/03/1998.

12.- Comunicación de la Comisión, relativa al cálculo del volumen de negocios, DO. C. E. 66, 2/03/1998.

13.- Comunicación de la Comisión, sobre las soluciones aceptables en materia de concentraciones, D.O. C.E. 66 de 02/03/1998.

14.- Comunicación de la Comisión, sobre cuestiones jurisdiccionales en materia de competencia, D.O. C. E. 95 de 16/04/2008.

15.- Comunicación de la Comisión, sobre las restricciones directamente relacionadas y necesarias para las operaciones de concentración, DO. C. E. 188, de 4/07/2001.

16.-Comunicación de la Comisión, sobre el procedimiento simplificado para tramitar determinadas operaciones de concentración, D.O. C. E. 56, de /04/2005.

17.- Dirección General de la Competencia de la Comisión de la UE, "La Política de la Competencia de la UE", Oficina de Publicaciones Oficiales de las Comunidades Europeas, Luxemburgo, 2005.

18.-EC Merger Control Reporter, publicación mensual sobre decisiones de autoridades en materia de fusiones, Edición de Gerwin van Gerven, Kluwer Law International.

19.-Fernández Pablo; Bonet, Alfredo, "Fusiones, Adquisiciones y Control de las Empresas", artículo publicado en la revista Arbor, revista del Consejo Superior de Investigaciones Científicas, nº 523-524, Julio/Agosto 1999, Madrid.

20.- Galán Eduardo; Sánchez, José Luis, "Legislación sobre Competencia", Editorial Tecnos S.A., Biblioteca de Textos Legales, Madrid, 1992.

21.- García, Mercedes, "Dominancia v/s Disminución Sustancial de la Competencia, ¿cuál es el criterio más apropiado?", publicación del Centro de Política de la Competencia, del Centro de Estudios Europeos de la Universidad San Pablo-CEU, II Seminario de Expertos, nº 3, Madrid, 2002.

22.- Generalitat de Catalunya, Departament d'Economia i Finances, Direcció General de Defensa, de la Competéncia, Área d'Estudis i Análisis del Mercat, "Potenciales Efectos de la Fusión Clickair/Vueling en el territorio de Cataluña", informe elaborado por la extinta Dirección General de Defensa de la Competencia, Barcelona, 2008.

23.-Girgado, Pablo, "Grupos de Empresas y Derecho Antitrust (La aplicación de las normas anticolusorias en las relaciones intragrupo)", Editorial Marcial Pons, Madrid, 2007.

24.-Jaime, Vicente; Soler, Amparo, "Las Operaciones de Concentración Incompatibles con el Mercado Común", exposición dictada durante la XIV Reunión de ASEPELT, Anales de Economía Aplicada, Oviedo, 22 y 23 de Junio de 2000.

25.-Jiménez, Fernando; Cañizares Enrique, "Dificultades para la Definición del Mercado Relevante", informe preparado para el Segundo Seminario de Derecho y Economía de la Competencia, organizado por la Fundación Rafael Del Pino, Madrid, 2005.

26.- Libro Verde del Consejo de Bruselas, sobre revisión del Reglamento 4064/89, de D.O.C.E. 11/12/2001.

27.- Llorens, Carles, "Concentraciones de Empresas de Comunicación y el Pluralismo", Barcelona, 2001.

28.- Mangas, Natalia, "La repatriación de las Operaciones de Concentración de Dimensión Comunitaria", Derecho de la Competencia Europeo y Español, Volumen III, Editorial Dyckinson, Madrid, 2002

29.- Martín de Las Mulas, Reyes, "El Concepto de Concentración y la Atribución de Competencias a la luz de la Nueva Ley 15/2007 de Defensa de la Competencia y de la Normativa Comunitaria", Derecho de la Competencia Europeo y Español, Editorial Dyckinson, Madrid, 2008.

30.- Martínez, Juan, "Los Mercados no Competitivos", artículo publicado en Eumed.net, Fundación Universitaria Andaluza, Málaga, 2001.

31.-Navarro, María del Carmen, "Las Conductas Conscientemente Paralelas", Editorial Thomson Civitas, Estudios de Derecho Mercantil, Navarra, 2005.

32.-Nazlde Faride; Labatut, Gregorio; Aparisi, José Antonio, "Efectos Económico-Financiero y Fiscal de las Fusiones y Adquisiciones de Empresas en México", Revista Digital Vol. 3, nº 4, Universidad Autónoma de Tamaulipas, México, 2009.

33.- Pellisé, Jaume, "La Explotación Abusiva de una Posición Dominante (Arts. 82 TCE y LEDC", Civitas Ediciones, Madrid, 2002.

34.- Prieto, Eduardo, "La Política de Defensa de la Competencia", artículo publicado en la revista el modelo económico de la UE, publicación bimestral de ICE (Información Comercial Española), del Ministerio de Industria, Turismo y Comercio, nº 820 (enero/febrero), 2005.

35.- Reglamento n° 4064/89 del Consejo Europeo, de 21 de Diciembre de 1989, sobre el control de las operaciones de concentración entre empresas, D.O.C.E. L. 395/1 de 21/12/1989.

36.- Reglamento nº 1310/97 del Consejo Europeo de 30 de Junio de 1997, por el que se modifica el Reglamento nº 4064/89, sobre el Control de las Operaciones de Concentración entre Empresas, D.O.C.E. de 9/07/1997.

37.- Reglamento nº 139/2004, del Consejo Europeo, de 29 de Enero de 2004, sobre el Control de las Operaciones de Concentración entre Empresas, D.O. C.E. L. de 29/01/2004.

38.- Reglamento nº 802/2004, de 7 de Abril de 2004, por el que se aplica el Reglamento nº 139/2004, del Consejo, sobre el Control de las Concentraciones entre Empresas, D.O. C.E. L. 133 de 30/4/2004.

39.- Reglamento nº 1033/2008 de la Comisión, de 20 de octubre de 2008 , que modifica el Reglamento nº 802/2004, por el que se aplica el Reglamento nº 139/2004 del Consejo, sobre el Control de las Concentraciones entre Empresas, D.O. C. E. L. 279 de 22/10/2008.

40.- Soncco, Percy, "Control de Concentraciones Empresariales, el Derecho en los Mercados", artículo publicado en la revista de la facultad de Derecho de la Universidad Nacional de San Agustín, Perú, 2005.

41.- Tratado Constitutivo de la Comunidad Económica Europea, firmado en Roma el 25 de Marzo de 1957, que ha sido objeto de numerosas modificaciones que han dado lugar al Texto Consolidado de dicho Tratado aprobado el 2 de Octubre de 1997, D.O.C. E. 340 de 10/11/1997.

42.-U.S. Department of Justice and The Federal Trade Commission, "Horizontal Merger Guidelines", E.E.U.U., 1997.

43.-Watson, Nadine, "Evaluación de los Efectos Coordinados en Concentraciones", Derecho de la Competencia Europeo y Español, Editorial Dyckinson, Madrid, 2008.

Otros recursos:

44.- http://curia.europa.eu/
Base de datos electrónica de la jurisprudencia de los Tribunales de la UE.

45.-http://ec.europa.eu/competition
Base de datos electrónica de los casos de concentraciones conocidos por la Comisión Europea.

FSC
www.fsc.org
MIX
Papier | Fördert gute Waldnutzung
FSC® C083411

Kolibri 360 GmbH
Ferdinand-Jühlke-Straße 7
99095 Erfurt, Deutschland
produktsicherheit@kolibri360.de

Druck:
CPI Druckdienstleistungen GmbH
im Auftrag der
Kolibri 360 GmbH
Ferdinand-Jühlke-Str. 7
99095 Erfurt